CB021217

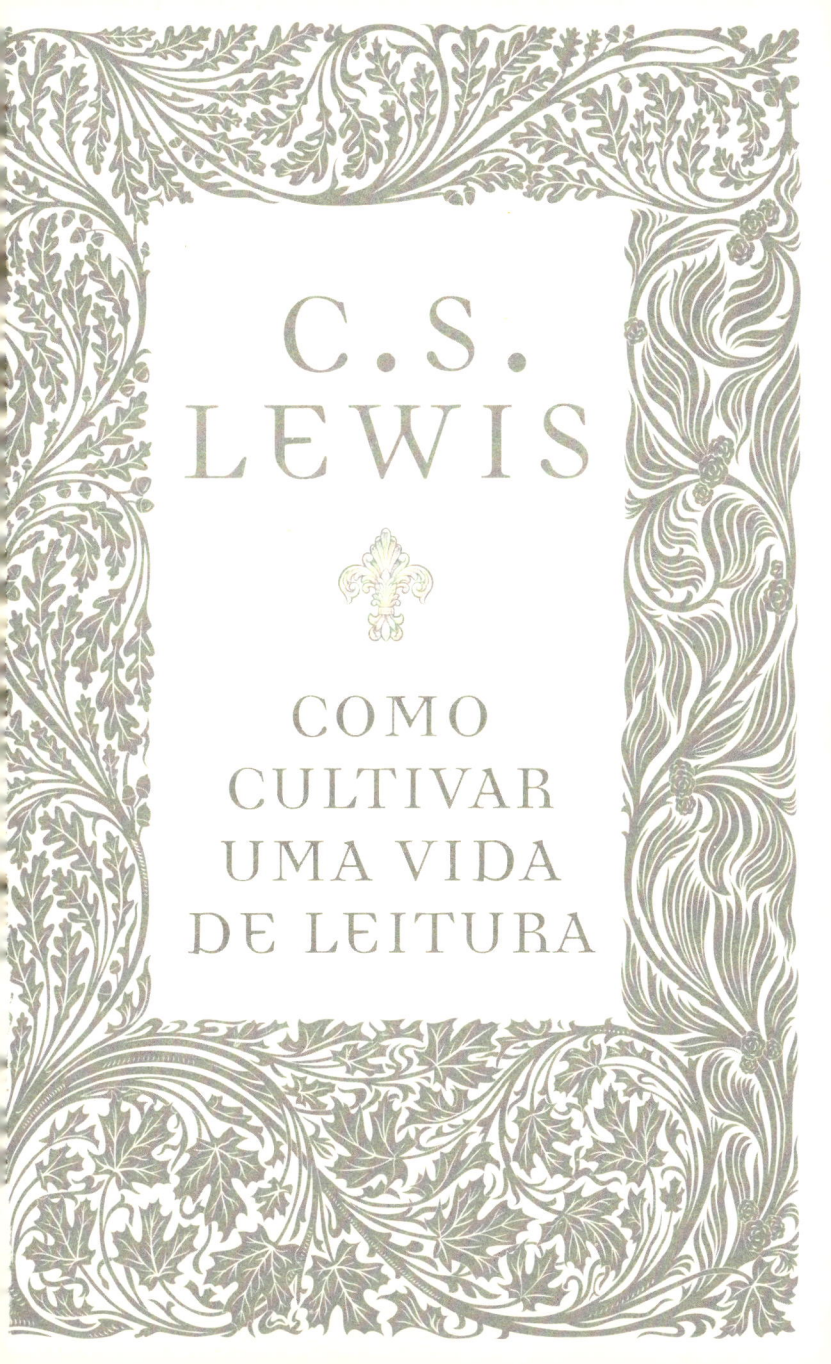

C.S. LEWIS

COMO CULTIVAR UMA VIDA DE LEITURA

Título original: *The Reading Life*

Experiment in Criticism. Copyright © 1961 by Cambridge University Press.
God in the Dock. Copyright © 1967 by C. S. Lewis Pte. Ltd. Published by Eerdmans.

Studies in Words. Copyright © 1960 by Cambridge University Press.

The Reading Life. Copyright © 2019 by C. S. Lewis Pte. Ltd. Edição original por
HarperCollins *Publishers*. Todos os direitos reservados.

Copyright de tradução © Vida Melhor Editora LTDA., 2020.

Os pontos de vista desta obra são de responsabilidade de seus autores e colaboradores
diretos, não refletindo necessariamente a posição da Thomas Nelson Brasil, da
HarperCollins Christian Publishing ou de sua equipe editorial.

Publisher	*Samuel Coto*
Editores	*André Lodos Tangerino,*
	Bruna Gomes
Tradutores	*Elissamai Bauleo, Francisco Nunes,*
	Giuliana Niedhardt, Estevan Kirschner,
	Gabriele Greggersen, Carlos Caldas
Preparação e revisão	*Francine Torres*
Diagramação	*Sonia Peticov*
Capa	*Rafael Brum*

Dados Internacionais de Catalogação na Publicação (CIP)

L76c
    Lewis, C. S.
    Como cultivar uma vida de leitura / C.S. Lewis; tradução de Elissami Bauleo.
— 1.ed. — Rio de Janeiro: Thomas Nelson Brasil, 2020.
    176 p.; 12 x 18 cm.

    Tradução de: *Reading life*
    ISBN 978-65-56890-24-1

1. Leitura — prática. 2. Crítica literária. 3. C.S. Lewis. I. Bauleo, Elissamai.
II. Título.

5-2020/35   CDD 468.4
                                                    CDU 82.091

Índice para catálogo sistemático:
1. Leitura: prática
2. Crítica literária

Bibliotecária responsável: Aline Graziele Benitez CRB-1/3129

Thomas Nelson Brasil é uma marca licenciada à Vida Melhor Editora LTDA.
Todos os direitos reservados à Vida Melhor Editora LTDA.
Rua da Quitanda, 86, sala 218 — Centro
Rio de Janeiro — RJ — CEP 20091-005
Tel.: (21) 3175-1030
www.thomasnelson.com.br

sumário

PARTE UM: A ARTE E O PRAZER DA LEITURA

PARTE DOIS: REFLEXÕES BREVES SOBRE A PRÁTICA DA LEITURA

prefácio

Certa vez, o destacado crítico William Empson descreveu C. S. Lewis como "o homem mais culto de sua geração, alguém que lia de tudo e lembrava-se de tudo que lia"[1]. Tal alegação soa como um exagero perdoável, porém se aproxima da verdade nos campos da literatura, da filosofia e dos clássicos. Aos dez anos de idade, Lewis começou a ler *Paraíso perdido*, de Milton. Com cerca de onze anos, começou seu hábito vitalício de temperar cartas com citações da Bíblia e de Shakespeare. Ainda na adolescência, Lewis lia os clássicos, assim como as obras de sua época, em grego, latim, francês, alemão e italiano.

E Lewis realmente parecia se lembrar de quase tudo o que lia. Um de seus alunos recorda-se de que, se alguém citasse qualquer trecho de *Paraíso perdido*, Lewis continuaria a passagem de cor. Outro aluno afirmou que poderia pegar um livro da prateleira de Lewis, abrir em uma página aleatoriamente e seu professor seria capaz de resumir o restante da página, citando-a normalmente, palavra por palavra.[2] Com esse tipo de memória, Lewis tinha pouca dificuldade de encontrar a citação ou a referência exata que precisava como suporte ao seu argumento. Visto ser capaz de carregar toda uma biblioteca em sua cabeça, não é de surpreender que suas principais obras acadêmicas tenham em média mil citações por livro. Seus três volumes de cartas abrigam ainda outras 12 mil citações ou referências. Mesmo o livro *As crônicas de Nárnia*, escrito para crianças, contém cerca de cem ecos ou alusões a mitos, história ou obras literárias.

Entretanto, como Mortimer Adler certa vez comentou: "No caso de bons livros, a questão não é quantos você consegue ler, mas quantos conseguem ler você". Lewis certamente concordaria, pois normalmente comentava o quanto de sua perspectiva e sensibilidade foi moldado pelos livros que leu — de Beatrix Potter, durante a infância, às releituras da *Ilíada*, de Homero, poucas semanas antes de sua morte, em novembro de 1963; da *Casa Soturna*, de Dickens; de *In Memoriam*, de Tennyson.

Lewis era um leitor disciplinado e empenhado. Outros professores com quem trabalhava recordam-se de como ele podia sentar-se por horas na Biblioteca Bodleiana, em Oxford, analisando e absorvendo textos, alheio ao que acontecia no ambiente ao seu redor. Ao ler livros de sua biblioteca particular,

Lewis normalmente adicionava notas de margem e criava seu próprio índice na contracapa. Se não achasse proveito algum em um livro, como no caso de *Don Juan*, de Byron, Lewis simplesmente escrevia na contracapa: "nunca mais".

Evidentemente, ler também constituía um dos prazeres supremos da vida de Lewis. Em sua autobiografia, *Surprised by Joy* [Surpreendido pela alegria], Lewis descreve sua rotina diária ideal como leitura e escrita das nove da manhã à uma da tarde, e novamente das cinco da tarde às sete da noite — com pequenas pausas para uma refeição, uma caminhada ou uma xícara de chá. Além dessas seis horas de estudo diário, também usufruía de leituras mais leves durante as refeições ou à noite (p. 141–143). Em suma, seu programa favorito parecia incluir sete ou oito horas de leitura por dia! Para Lewis, ler era tanto um chamado elevado quanto uma fonte inesgotável de satisfação. De fato, sempre que pegava um livro — e frequentemente quando escrevia um, seu senso de vocação e de lazer eram praticamente indistinguíveis.

Era comum que Lewis descrevesse o senso comunal formado por leitores ardorosos (cf. capítulo "Como saber se você é um verdadeiro leitor?"), que não diz respeito apenas ao compartilhamento de um passatempo, mas de mundos alargados e aprofundados por livros. Leitores assim formam um grupo diferenciado. Esta coletânea reúne seleções engraçadas, extravagantes e sábias da escrita de Lewis ao longo da vida, e elas serão de grande interesse àqueles que partilham do mesmo ardor que ele. Referimo-nos a todos que gostam de ler obras literárias, sejam elas literatura infantil, poesia, ficção científica ou Jane Austen. Não incluímos as opiniões de Lewis a respeito de literatura clássica ou histórica, sua especialidade acadêmica, mas apenas seus conselhos e opiniões na atividade partilhada da leitura de obras de interesse geral. Tampouco incluímos seus muitos comentários sobre a leitura cristã ou devocional. Este livro é, no sentido mais amplo, para membros do "clube de leitura".

Lewis nunca se esqueceu do prazer que, na infância, sentiu ao descobrir como livros podiam servir de portais para outros mundos. Conforme ele mesmo explica:

> A experiência literária cura a ferida da individualidade sem diminuir o seu privilégio. [...] Ao ler grande literatura, eu me torno mil homens e, mesmo assim, continuo a ser eu mesmo. Tal como o céu noturno no poema grego, eu vejo com uma miríade de olhos, mas ainda sou eu quem o vê. Na adoração, no amor, na ação moral e no conhecimento, eu transcendo a mim mesmo, e nunca sou mais eu mesmo do que quando faço isso.[3]

Este volume é para o regozijo e a edificação daqueles que pertencem a esse clube de leitura. Esperamos que você goste desta nova janela, pela qual poderá contemplar a engenhosidade e sabedoria de C. S. Lewis.

DAVID C. DOWNING
Codiretor, Marion E. Wade Center, Wheaton College, Illinois.

MICHAEL G. MAUDLIN
Vice-presidente sênior e diretor executivo, HarperOne.

---

[1]*C. S. Lewis at the Breakfast Table* [C. S. Lewis na mesa do café], ed. por James Como (1992), xxiii.
[2]Derek Brewer, em James Como, p. 47; Kenneth Tynan, em Stephen Schofield, *In Search of C. S. Lewis* [À procura de C. S. Lewis], p. 6-7.
[3]LEWIS, C. S. *Um experimento em crítica literária*. Rio de Janeiro: Thomas Nelson Brasil, 2019, p. 151–152.

parte um

A ARTE E O PRAZER DA LEITURA

POR QUE LEMOS?

Experimento em crítica literária

(do "Epílogo")

Cada um de nós, por natureza, vê todo o mundo a partir de um ponto de vista com uma perspectiva e uma seletividade peculiar a si mesmo. E mesmo quando desenvolvemos fantasias desinteressadas, estas estão saturadas e limitadas pela nossa própria psicologia. Concordar nessa particularidade no nível sensorial — em outras palavras, não dar um desconto à perspectiva — seria loucura. Deveríamos então crer que a estrada de ferro se estreita à medida que a distância aumenta. Porém, queremos também fugir das ilusões de perspectiva em níveis mais elevados.

Não estamos contentes em sermos as mônadas de Leibniz[1].

Exigimos janelas. A literatura enquanto *logos* é uma série de janelas, ou mesmo de portas. Uma das coisas que sentimos depois de ler uma grande obra é "eu saí". Ou, a partir de outro ponto de vista, "eu entrei", perfurei a concha de alguma outra mônada e descobri como é dentro dela.

Por conseguinte, a boa leitura, ainda que em essência não seja uma atividade afetiva, moral ou intelectual, tem alguma coisa em comum com estas três possibilidades. No amor, nós escapamos do nosso próprio ser para entrar em outro. Na esfera moral, cada ato de justiça ou caridade envolve nos colocar-mos no lugar da outra pessoa e, assim, transcender a nossa própria particularidade competitiva. Ao conse-guirmos entender qualquer coisa, rejeitamos os fatos como são para nós e aceitamos os fatos como real-mente são. O impulso primário de cada um é manter e engrandecer a si mesmo. O impulso secundário é sair do ser, corrigir seu provincianismo e curar sua solidão. Estamos fazendo isso no amor, na virtude, na busca pelo conhecimento e na recepção das artes. Obviamente esse processo pode ser descrito ou como um engrandecimento, ou como uma aniquilação tem-porária do ser. Mas isso é um antigo paradoxo: "quem perder a sua vida, salvá-la-á"[2].

> queremos ver com outros olhos,
> imaginar com outras imaginações,
> sentir com outros corações, e com os
> nossos próprios também.

Como consequência, nós temos satisfação em entrar nas crenças de outras pessoas (aquelas, digamos, de

Lucrécio[3] ou de Lawrence[4]), ainda que pensemos que não são verdadeiras. E nas paixões deles, ainda que as julguemos depravadas, como, algumas vezes, as de Marlowe[5] ou Carlyle[6]. E também na imaginação deles, ainda que lhes falte completo realismo de conteúdo.

Isso não deve ser entendido como se eu estivesse mais uma vez fazendo da literatura de poder um departamento dentro da literatura de conhecimento — um departamento que existia para satisfazer nossa curiosidade racional a respeito da psicologia de outras pessoas. Isso é, não em absoluto, uma questão (naquele sentido) de conhecimento. É *connaitre* ("conhecer"), não *savoir* ("saber"); é *erleben* ("vivência"). Nós nos tornamos esses outros "eus". Não apenas nem principalmente para ver como são, mas para ver o que eles veem; ocupar, por um momento, o assento deles no grande teatro, usar seus óculos e se livrar de quaisquer percepções, alegrias, terrores, maravilhas ou diversões que esses óculos revelem. Nessa altura é irrelevante se o estado de humor expresso em um poema era verdadeira e historicamente o estado de humor do próprio poeta ou um que ele também imaginou. O que importa é sua capacidade de nos fazer vivê-lo. Duvido se o Donne histórico deu mais que um refúgio brincalhão e dramático ao estado de humor expresso em *A aparição*. Duvido mais ainda se o Pope histórico, salvo enquanto escreveu, e mesmo assim mais que dramaticamente, sentiu o que expressou na passagem que começa com "Sim, estou orgulhoso"[7]. O que isso importa?

Tanto quanto consigo entender, esse é o valor ou benefício específico da literatura considerada como *logos*. Ela nos permite ter experiências que não são as nossas. Nem todas elas têm o mesmo valor, assim como as nossas próprias experiências também não têm. Algumas delas, conforme costumamos dizer, "interessam-nos" mais do que outras. As causas desse interesse são natural e extremamente variadas e diferem de uma pessoa para outra. Pode ser o típico (e aí dizemos "isso é verdade!") ou o anormal (e aí dizemos "que estranho!"). Pode ser o belo, o terrível, o que causa espanto, o estimulante, o patético, o cômico ou o simplesmente picante. A literatura proporciona uma *entrée* para todas essas possibilidades. Aqueles dentre nós que têm sido verdadeiros leitores durante toda a vida raramente compreendem de maneira plena a enorme extensão do nosso ser da qual somos devedores aos escritores. Compreendemos isso mais quando conversamos com um amigo que é um leitor não literato. Pode ser uma pessoa cheia de bondade e bom senso, mas é alguém que vive em um mundo minúsculo. Nós nos sentiríamos sufocados nesse mundo. A pessoa que está contente em ser apenas ela mesma e, portanto, menos que um "eu", está em uma prisão. Os meus olhos não são o bastante para mim. Eu vejo através dos olhos dos outros. A realidade, mesmo vista através dos olhos de muitos, não é o bastante. Eu verei o que outros inventaram. Mesmo os olhos de toda a humanidade não são suficientes. Lamento que os animais não possam escrever livros. Eu aprenderia com muita alegria qual é a imagem que as coisas têm para um rato ou para uma abelha. Mais alegre ainda ficaria se percebesse o mundo olfativo carregado com todas as informações e emoções que este mundo tem para um cão.

A experiência literária cura a ferida da individualidade sem diminuir o seu privilégio. Há emoções de massa que curam a ferida, mas destroem o privilégio. Nossos seres isolados se fundem nelas, e afundamos em uma subindividualidade. Mas, ao ler a grande literatura, eu me torno mil homens e, mesmo assim, continuo a ser eu mesmo. Tal como o céu noturno no poema grego, eu vejo com uma miríade de olhos, mas ainda sou eu quem o vê. Na adoração, no amor, na ação moral e no conhecimento, eu transcendo a mim mesmo, e nunca sou mais eu mesmo do que quando faço isso.

---

[1]Gottfried Wilhelm Leibniz (1646-1716), matemático e filósofo alemão. Formulou o conceito de *mônada*, que seria a essência irredutível do ser. Conforme Leibniz, a mônada está para a realidade metafísica assim como o átomo está para a realidade física. [N. T.]

[2]Referência a um dito de Jesus registrado em Mateus 16:25, Marcos 8:35 e Lucas 9:24. [N. T.]
[3]Lucrécio (94? a. C.-55 a. C.), poeta e filósofo romano. [N. T.]
[4]D. H. Lawrence (1885-1930), poeta e romancista inglês. [N. T.]
[5]Christopher Marlowe (1564-1593), dramaturgo e poeta inglês, do período elizabetano. [N. T.]
[6]Thomas Carlyle (1795-1881), historiador e escritor escocês da chamada Era Vitoriana. [N. T.]
[7]Epílogo de Satires [Sátiras], dia, ii, 1. 208.

COMO SABER SE VOCÊ É UM VERDADEIRO LEITOR?

Experimento em crítica literária

(do capítulo 1, "Os poucos e os muitos")

1. Adora reler livros

A maioria nunca lia a mesma coisa duas vezes. A marca incontestável de um não literato é que ele toma "já li isso" como sendo um argumento conclusivo para não ler uma obra. Todos nós conhecemos mulheres que se lembravam de um romance de maneira tão vaga que elas tinham de ficar em pé na biblioteca por meia hora folheando-o antes de estarem certas de que já o haviam lido. No momento em que tinham certeza, descartavam-no imediatamente. Para elas, aquele livro estava morto como um fósforo riscado, um bilhete de metrô usado ou o jornal de ontem — elas já o haviam usado. Por outro lado, aqueles que leem grandes obras as lerão dez, vinte, trinta vezes no decorrer de suas vidas.

2. Valoriza muito a leitura como uma atividade (e não como último recurso)

Em segundo lugar, a maioria, ainda que muitas vezes seja leitora frequente, não dá muita importância à leitura. Dedica-se a ela como último recurso.

Abandona-a com entusiasmo tão logo surge qualquer passatempo alternativo. A leitura é reservada para viagens de trem, quando se está doente, momentos estranhos de solidão forçada ou para o processo chamado "ler para dormir". Por vezes, essa maioria combina a leitura com conversas aleatórias e, com frequência, com ouvir o rádio. Literatos, por sua vez, estão sempre procurando tempo livre e silêncio para ler, e com toda atenção. Se lhes é negada tal leitura atenta e sem perturbação, mesmo que por alguns poucos dias, eles se sentem empobrecidos.

3. Lista a leitura de livros específicos como uma experiência transformadora de vida

Em terceiro lugar, a primeira leitura de uma obra literária geralmente é, para os literatos, uma experiência tão marcante que apenas vivências como o amor, a religião ou o luto podem servir de comparação. Toda a consciência deles é mudada. Eles já não são mais os mesmos. Entretanto, não há nenhum indício de qualquer coisa parecida entre o outro tipo de leitores. Quando terminam um conto ou um romance, pouca coisa, ou absolutamente nada, parece ter ocorrido a eles.

4. Reflete e recorda continuamente o que se leu

Por fim, e como resultado natural de seu diferente comportamento quanto à leitura, o que eles leram está constante e preeminentemente presente na mente dos poucos, mas não dos muitos. Aqueles sussurram na solidão seus versos e estrofes favoritos. Cenas e personagens de livros fornecem-lhes uma espécie de iconografia pela qual eles interpretam ou sumarizam sua própria experiência. Falam uns com os outros com frequência e em profundidade a respeito de livros. Os muitos raramente pensam ou falam a respeito de suas leituras.

Está bem claro que a maioria, se falasse sem paixão e fosse totalmente articulada, não nos acusaria de gostar dos livros errados, mas de fazer muito estardalhaço quanto a qualquer livro. Nós consideramos como um ingrediente principal para o nosso bem-estar algo que para eles é periférico. Daí a dizer de modo simplista que eles gostam de uma coisa e nós de outra é deixar de lado quase a totalidade dos fatos. Se *gostar* é a palavra correta para o que eles fazem com livros, é preciso encontrar outra para aquilo que fazemos. Ou, de modo inverso, se nós *gostamos* do nosso tipo de livro, não devemos dizer que eles *gostam* de qualquer outro. Se os poucos têm "bom gosto", então não devemos dizer que algo como "mau gosto" existe: pois a inclinação que os muitos têm para seu tipo de leituras não é a mesma coisa e, se a palavra for usada univocamente, não seria chamada de gosto de modo algum. [...]

Muitas pessoas gostam de música popular de uma maneira que é compatível com o cantarolar da melodia, bater o pé para acompanhar o ritmo, conversar e comer. E quando a melodia popular não está mais na moda, não desfrutam mais dela. Os que apreciam Bach reagem de modo completamente diferente. Alguns compram quadros porque as paredes "parecem tão nuas sem eles" e, depois de uma semana com eles na parede, tornam-se praticamente invisíveis. Mas há uns poucos que saboreiam um grande quadro por anos. Com relação à natureza, a maioria "gosta de uma bela vista, assim como todo mundo", sem dizer uma palavra contra ela. Mas fazer da paisagem um fator realmente importante para, digamos, escolher um lugar para passar um feriado — para colocá-la em um nível de consideração tão sério quanto o seria um hotel de luxo, um bom campo de golfe e um clima ensolarado — parece-lhe uma presunção.

HISTÓRIAS INFANTIS NÃO SÃO APENAS PARA CRIANÇAS

Sobre histórias

(do capítulo "Sobre três modos
de escrever para crianças")

Estou quase inclinado a estabelecer como parte do cânone que uma história infantil que é apreciada apenas por crianças é uma história infantil ruim. As boas permanecem. Uma valsa de que você gosta apenas quando está valsando é uma valsa ruim.

Esse cânone parece-me ainda mais óbvio e verdadeiro sobre o tipo de história infantil em especial que mais aprecio: a fantasia ou o conto de fadas. Agora, o mundo crítico moderno usa "adulto" como um termo de aprovação. É hostil ao que chama de "nostalgia" e desdenhoso do que chama de "Panteísmo Peter". Por isso, um homem que admite que anões e gigantes e feras falantes e bruxas ainda são queridos por ele em seu 53º ano de vida será provavelmente menos louvado por sua juventude perene do que desprezado e lamentado pelo bloqueio do desenvolvimento. Se eu gastar algum tempo defendendo-me dessas acusações, não é porque estou preocupado se vão me desprezar e sentir pena de mim, e sim porque a defesa é pertinente a toda a minha visão do conto de fadas e até mesmo da literatura em geral. Minha defesa consiste em três proposições.

(1) Eu respondo com um *tu quoque*. Os críticos que tratam "adulto" como um termo de aprovação, em vez de um termo meramente descritivo, não podem ser adultos. Preocupar-se em ser adulto, admirar o adulto porque é adulto, corar com a suspeita de ser infantil: essas coisas são marcas de infância e adolescência. E na infância e na adolescência são, com moderação, sintomas saudáveis. Os mais jovens devem querer amadurecer. Mas continuar, na juventude ou até mesmo na idade adulta, com essa preocupação sobre ser adulto é uma marca de desenvolvimento realmente bloqueado. Quando eu tinha dez anos, lia histórias de fadas em segredo e teria ficado envergonhado se fosse pego fazendo isso. Agora que tenho cinquenta anos, eu as leio abertamente. Quando me tornei homem, deixei de lado as coisas infantis, incluindo o medo da infantilidade e o desejo de ser muito adulto.

(2) A visão moderna, parece-me, envolve uma falsa concepção do crescimento. Os que a defendem nos acusam de atraso de desenvolvimento porque não perdemos o paladar infantil. Mas, seguramente, o atraso de desenvolvimento não consiste em recusar-se a deixar de lado coisas antigas, mas em não acrescentar novas coisas. Hoje em dia gosto de vinho do Reno,

mas, com certeza, não teria gostado quando criança. Mas eu ainda gosto de limonada. Eu chamo isso de crescimento ou desenvolvimento, porque fui enriquecido: anteriormente eu tinha apenas um prazer, agora tenho dois. Mas, se eu tivesse de perder o gosto por limonada antes de adquirir o gosto pelo vinho do Reno, isso não seria um crescimento, mas uma simples mudança. Agora gosto de Tolstói, de Jane Austen e de Trollope, bem como de contos de fadas, e eu chamo isso de crescimento: se eu tivesse de abandonar os contos de fadas para contrair o hábito de ler os romancistas, não diria que cresci, mas apenas que mudei. Uma árvore cresce porque lhe são acrescentados anéis; um trem não cresce por deixar uma estação para trás e pular para a próxima. Na realidade, o caso é mais forte e mais complicado do que isso. Eu acho que meu crescimento é tão evidente quando agora leio os contos de fadas como quando leio os romancistas, pois agora desfruto dos contos de fadas melhor do que o fiz na infância: por estar agora em condições de contribuir mais, é claro que eu extraio mais. No entanto, não quero aqui enfatizar esse ponto. Mesmo que fosse apenas um gosto pela literatura adulta acrescentado a um gosto inalterado por literatura infantil, a adição ainda teria direito ao nome de "crescimento", e o processo de apenas deixar cair um pacote quando você pegar outro, não. É, sem dúvida, verdade que o processo de crescimento, incidental e infelizmente, envolve mais algumas perdas. Mas essa não é a essência do crescimento, certamente não o que torna o crescimento admirável ou desejável. Se fosse isso, se derrubar pacotes e deixar estações fossem a essência e a virtude do crescimento, por que deveríamos parar na idade adulta? Por que "senil" não deveria ser igualmente um termo de aprovação? Por que não devemos nos felicitar por perder dentes e cabelos? Alguns críticos parecem confundir o crescimento com o custo do crescimento e também querer fazer esse custo muito maior do que, em natureza, precisa ser.

(3) Toda a associação de conto de fadas e fantasia com a infância é local e acidental. Espero que todos tenham lido o ensaio de Tolkien sobre contos de fadas, que talvez seja mais importante contribuição para o assunto que qualquer pessoa já tenha feito. Se houver lido, você já saberá que, na maioria dos lugares e tempos, o conto de fadas não foi especialmente feito para crianças, nem exclusivamente apreciado por elas. Ele tendeu para o quarto das crianças quando ficou fora de moda nos círculos literários, assim como os móveis fora de moda foram para o quarto das crianças nas casas vitorianas. Na verdade, muitas crianças não gostam desse tipo de livro, assim como muitas delas não gostam de sofás estofados com crina, e muitos adultos gostam desse gênero, assim

como muitos deles gostam de cadeiras de balanço. E aqueles que gostam, jovens ou velhos, provavelmente o fazem pela mesma razão. E nenhum de nós pode dizer com certeza qual é essa razão. As duas teorias que estão com mais frequência em minha mente são a de Tolkien e a de Jung.

De acordo com Tolkien,[1] o apelo dos contos de fadas reside no fato de que neles o homem exerce mais plenamente sua função de "subcriador"; não, como as pessoas gostam de dizer agora, fazendo um "comentário sobre a vida", mas fazendo, na medida do possível, um mundo subordinado ao seu. Uma vez que, do ponto de vista de Tolkien, essa é uma das funções adequadas do homem, o prazer surge naturalmente sempre que ela é executada com sucesso. Para Jung, o conto de fadas liberta os arquétipos que habitam no inconsciente coletivo e, quando lemos um bom conto de fadas, estamos obedecendo ao antigo preceito de "Conheça a ti mesmo".

Eu me arriscaria a acrescentar a isso minha própria teoria, certamente não do *tipo* como um todo, mas sim de uma característica nele: refiro-me à presença de seres diferentes do humano que ainda se comportaram, em graus variados, humanamente: gigantes, anões e animais falantes. Eu acredito que isso seja pelo menos (pois eles podem ter muitas outras fontes de poder e beleza) um hieróglifo admirável que

comunica psicologia e tipos de caráter mais breve-
mente que a apresentação novelística e para os leitores que a apresentação novelística ainda não poderia
alcançar. Considere o Sr. Texugo em *O vento nos salgueiros* — essa extraordinária amálgama de alto nível,
maneiras grosseiras, aspereza, timidez e bondade.
A criança que uma vez conheceu o Sr. Texugo tem
sempre, depois disso, em si mesma, um conhecimento
da humanidade e da história social inglesa que não
conseguiria de nenhuma outra forma.

> QUANDO EU TINHA DEZ ANOS, lia
> contos de fadas escondido, e teria me
> envergonhado se tivesse sido pego fazendo
> isso. Agora que tenho cinquenta anos, eu
> os leio abertamente. Quando me tornei
> homem, deixei de lado as coisas infantis,
> incluindo o medo da infantilidade e o
> desejo de ser muito adulto.

Claro que nem toda a literatura infantil é fantás-
tica; então, nem todos os livros fantásticos precisam
ser livros infantis. Ainda é possível, mesmo em uma
época tão ferozmente antirromântica quanto a nossa,

escrever histórias fantásticas para adultos, embora, de modo geral, a pessoa precise ter feito nome em algum tipo de literatura mais "elegante" antes de publicar histórias desse tipo. Mas pode haver um autor que, em um momento particular, encontre não só na fantasia, mas também na fantasia para crianças, a forma exatamente correta para o que ele quer dizer. A distinção é muito boa. Suas fantasias para crianças e suas fantasias para adultos terão muito mais em comum uma com a outra do que com o romance comum ou com o que às vezes é chamado de "romance da vida infantil". Na verdade, os mesmos leitores provavelmente lerão suas histórias fantásticas "juvenis" e suas histórias fantásticas para adultos. Pois não preciso lembrar a esse público que a classificação exata dos livros em grupos etários, tão apreciada pelos editores, tem apenas uma relação muito tênue com os hábitos de qualquer leitor real. Aqueles de nós que são censurados quando mais velhos por ler livros infantis também foram censurados quando crianças por ler livros considerados para mais velhos. Nenhum leitor que se preze anda em obediência a uma tabela etária.

[1]TOLKIEN, J. R. R., "Sobre estórias de fada", *Árvore e Folha*, Rio de Janeiro: HarperCollins Brasil, 2020.

LITERATURA COMO VIAGEM NO TEMPO

Present Concerns

[Preocupações atuais]

(do capítulo "The Death of English"
[A morte da língua inglesa])

M uitos têm por razoável avaliar alunos em Geografia ou (Deus nos ajude!) em Teologia, mas não em Língua Inglesa, com base no fato de a Geografia e a Teologia nunca terem sido intencionadas como forma de entretenimento, enquanto a Literatura, sim. De fato, o ensino da Literatura Inglesa foi concebido apenas como um auxílio à "apreciação". E apreciação é, sem dúvida, *sine qua non*. Rir das anedotas, estremecer frente à tragédia, chorar ante ao *páthos*[1] — tudo isso é tão necessário quanto aprender gramática. Mas nem a gramática nem a apreciação constituem o propósito definitivo do ensino literário.

O verdadeiro objetivo dos estudos literários é elevar o aluno do provincialismo, fazendo dele "o espectador" de ao menos uma parte "do tempo e da existência". O aluno, mesmo o mais tenro, que foi levado por bons professores (e que, portanto, nem sempre concordavam entre si) a deparar-se com o passado — ou seja, o único lugar em que o passado ainda existe — é extraído das limitações de seu próprio tempo e classe e transportado a um mundo mais amplo. Tal aluno está aprendendo a verdadeira *Phänomenologie des Geistes* [fenomenologia do espírito], descobrindo as variedades existentes na humanidade.

Apenas a "História" não é o suficiente, já que a disciplina estuda o passado apenas à luz de autoridades secundárias. Podemos "pesquisar História" por muitos anos sem, ao final, saber o que era ser um nobre anglo-saxão, um cavaleiro ou um aristocrata do século XVIII. O ouro por trás da moeda de papel deve ser encontrado, quase que exclusivamente, na literatura; nela jaz a libertação da tirania das generalizações e das frases de efeito. Alunos de literatura sabem, por exemplo, que muitas outras realidades — Lancelot, barão de Bradwardine, Mulvaney — subjazem à palavra "militarismo".

> **o verdadeiro objetivo** dos estudos literários é elevar o aluno do provincialismo, fazendo dele "o espectador" de ao menos uma parte "do tempo e da existência".

Se eu considerar as Faculdades de Letras em nossas universidades como as principais guardiãs (sob condições modernas) das ciências humanas, sem dúvida serei induzido à parcialidade por estudos aos quais tanto devo; todavia, em certo sentido, estou bem posicionado para exercer tal julgamento. Fui aluno e professor em *Literae Humaniores*,[2] aluno e professor em Literatura Inglesa. Já na Faculdade de História (confesso), fui apenas professor. Hoje, se alguém dissesse que a Literatura Inglesa é a disciplina mais liberal — e libertadora — dessas três, teria dificuldade em contradizê-lo.

[1] TOLKIEN, J. R. R., "Sobre estórias de fada", Árvore e Folha, Rio de Janeiro: HarperCollins Brasil, 2020.
[2] Curso de graduação voltado para o estudo dos clássicos. [N. R.]

POR QUE CONTOS DE FADAS COSTUMAM SER MENOS ILUSÓRIOS DO QUE HISTÓRIAS "REALISTAS"?

Sobre histórias

(do capítulo "Sobre três modos
de escrever para crianças")

Cerca de uma vez a cada cem anos, alguns sabichões se levantam e tentam banir o conto de fadas. Talvez seja melhor eu dizer algumas palavras em sua defesa, como leitura para crianças.

O conto de fadas é acusado de dar a crianças uma impressão falsa do mundo em que vivem. Mas acho que nenhuma literatura que as crianças podem ler dá-lhes outra coisa senão impressão falsa. É mais provável, eu acho, que aquilo que proclamam ser histórias realistas para crianças as enganem. Nunca esperei que o mundo real fosse como os contos de fadas. Acho que eu esperava que a escola fosse como as histórias de escola. As fantasias não me enganaram; as histórias de escola, sim. Todas as histórias em que as crianças têm aventuras e sucessos que são possíveis, no sentido de que não violam as leis da natureza, mas quase infinitamente improváveis, oferecem maior perigo de gerar falsas expectativas do que os contos de fadas.

Quase a mesma resposta serve para a acusação popular de escapismo, embora aqui a questão não seja tão simples. Os contos de fadas ensinam as crianças a se retirarem para um mundo de realização de desejos — "fantasia" no sentido técnico e psicológico da palavra — em vez de enfrentar os problemas do mundo real? É aqui que o problema se torna sutil.

Vamos voltar a colocar o conto de fadas lado a lado com os livros de história da escola ou qualquer outra história que seja rotulada de "livro de menino" ou "livro de meninas", em vez de "livro infantil". Não há dúvida de que ambos despertam, e imaginativamente satisfazem, desejos. Nós desejamos passar pelo espelho para alcançar a terra das fadas. Também desejamos ser o estudante e a estudante imensamente popular e bem-sucedido, ou o menino ou a garota de sorte que descobre o complô do espião ou monta o cavalo que nenhum dos vaqueiros consegue dominar. Mas os dois desejos são muito diferentes. O segundo, especialmente quando dirigido a algo tão próximo como a vida escolar, é voraz e muito sério. Sua satisfação no nível da imaginação é verdadeiramente compensatória: corremos para tal desejo fugindo das decepções e das humilhações do mundo real; ele nos envia de volta ao mundo real indubitavelmente descontentes. Pois ele é todo lisonja para o ego. O prazer consiste em imaginar o objeto da admiração. O outro desejo, aquele pela terra de fadas, é muito diferente. Em certo sentido, uma criança não anseia pela terra de fadas como um garoto anseia ser o herói do time titular. Alguém supõe que ela realmente e prosaicamente anseia por todos os perigos e desconfortos de um conto de fadas? Que ela real queira dragões na Inglaterra contemporânea? Não é assim. Seria muito mais verdadeiro dizer que a terra das fadas desperta um anseio pelo que ela não sabe o que é.

> A criança não despreza florestas reais porque leu sobre florestas encantadas: a leitura faz todas as florestas reais um pouco encantadas.

Isso a agita e a aflige (para o enriquecimento de toda a vida) com a sensação difusa de algo além do alcance dela e, longe de abafar ou esvaziar o mundo real, dá-lhe uma nova dimensão de profundidade. A criança não despreza florestas reais porque leu sobre florestas encantadas: a leitura faz todas as florestas reais um pouco encantadas. Esse é um tipo especial de desejo. O menino que lê o livro de história da escola — do tipo que tenho em mente — deseja sucesso e é infeliz (uma vez que o livro acaba) porque ele não alcançou aquilo; o menino que lê o conto de fadas deseja e está feliz com o próprio fato de desejar. Pois sua mente não se concentrou nele mesmo, como acontece frequentemente na história mais realista.

Não quero dizer que as histórias de escola para meninos e meninas não devam ser escritas. Estou apenas dizendo que são muito mais propensas a se tornar "fantasia" no sentido clínico do que as histórias fantásticas já o são. E essa distinção é válida para a leitura de adultos também. A fantasia perigosa é sempre superficialmente realista. A verdadeira vítima de um devaneio ilusório não ataca a *Odisseia*, *A tempestade* ou *The Worm Ouroboros* [O verme Ouroboros]: ela prefere histórias sobre milionários, belezas irresistíveis, hotéis elegantes, praias com palmeiras e cenas no quarto — coisas que realmente poderiam acontecer, que deveriam acontecer, que poderiam ter acontecido se o leitor tivesse uma oportunidade justa. Pois, como eu disse, existem dois tipos de desejo. Um é uma *áskesis*, um exercício espiritual, e o outro é uma doença.

Um ataque muito mais sério ao conto de fadas como literatura infantil vem daqueles que não desejam que as crianças se assustem. Eu sofri demais com os terrores noturnos na infância para subestimar essa objeção. Eu não gostaria de aumentar o fogo desse inferno privado para qualquer criança. Por outro lado, nenhum de meus medos veio de contos de fadas. Os insetos gigantes eram minha especialidade, com os fantasmas no segundo e péssimo lugar. Suponho que os fantasmas tenham vindo, direta ou indiretamente, de histórias, embora certamente não de histórias de fadas; mas não acho que os insetos tenham vindo delas. Eu não sei o que meus pais poderiam ter feito ou deixado de fazer que pudesse me salvar das garras, das mandíbulas e dos olhos dessas abominações com muitas pernas. E essa, como muitas pessoas apontaram, é a dificuldade. Não sabemos o que vai ou não assustar uma criança desse modo em particular. Eu digo "desse modo em particular", pois aqui devemos fazer uma distinção.

Aqueles que dizem que não se deve amedrontar as crianças podem querer dizer duas coisas: (1) que não devemos fazer nada que possa, provavelmente, dar à criança os medos hediondos, incapacitantes e patológicos contra os quais a coragem comum é impotente: na prática, as *fobias*. Sua mente deve, se possível, ficar livre de coisas que ela não pode suportar pensar. Ou talvez queiram dizer (2) que devemos tentar manter fora da mente da criança o conhecimento de que ela nasceu em um mundo de morte, violência, feridas, aventura, heroísmo e covardia, bem e mal. Se eles pensam no primeiro significado, concordo com eles; mas não se pensam no segundo. O segundo seria, de fato, dar às crianças uma impressão falsa e alimentar nelas o escapismo no mau sentido. Há algo absurdo na ideia de educar uma geração que nasceu na época do OGPU[1] e da bomba atômica. Já que é muito provável que as crianças conheçam inimigos cruéis, deixem-nas pelo menos ter ouvido falar de cavaleiros valentes e de coragem heroica. Caso contrário, você está apenas tornando o destino delas mais tenebroso, e em nada mais brilhante. A maioria de nós também não acha que a violência e o derramamento de sangue em uma história produzem qualquer medo assustador na mente das crianças. Na medida do possível, tomo, sem qualquer remorso, o partido da humanidade contra o reformador moderno. Deixem que haja reis perversos e decapitações, batalhas e masmorras, gigantes e dragões, e deixem os vilões serem completamente mortos no final do livro. Nada me convencerá de que isso cause numa criança comum qualquer tipo ou grau de medo além do que ela deseja e precisa sentir. Pois, claro, ela quer estar um pouco assustada.

Os outros medos — as fobias — são uma questão diferente. Não acredito que se possa controlá-los por meios literários. Parece que os trazemos já prontos para o mundo conosco. Sem dúvida, a imagem particular pela qual o terror da criança foi fixado, às vezes, pode ser atribuída a um livro. Mas essa é a fonte, ou apenas a ocasião, do medo? Se ela tivesse sido poupada dessa imagem, alguma outra, bastante imprevisível por você, teria produzido o mesmo efeito? Chesterton nos contou sobre um menino que temia o Albert Memorial mais do que qualquer outra coisa no mundo. Conheço um homem cujo grande terror de infância foi a edição em papel da *Encyclopædia Britannica* feita na Índia — por uma razão que eu desafio você a adivinhar. E eu acho possível que, ao confinar seu filho a histórias irrepreensíveis de vida infantil em que nada de preocupante jamais aconteça, você não conseguirá banir os terrores, mas conseguirá banir tudo o que pode enobrecê-lo ou torná-lo resiliente. Pois nas histórias de fada, lado a lado com as figuras terríveis, encontramos figuras consoladoras e protetoras imemoriais, as esplendorosas; e as figuras terríveis não são meramente terríveis, mas sublimes. Seria bom se nenhum garotinho na cama, ouvindo ou achando que ouve um som, nunca se assustasse. Mas, se ele tiver de se assustar, acho melhor que ele pense em gigantes e dragões do que apenas em ladrões. E acho que são Jorge, ou qualquer outro cavaleiro em sua armadura radiante, é mais reconfortante que pensar na polícia.

Eu irei ainda mais longe. Se eu pudesse ter escapado de todos os meus medos noturnos ao preço de nunca ter conhecido nada "das fadas", eu sairia no lucro?

Não estou sendo negligente. Os medos eram muito ruins. Mas acho que o preço teria sido alto demais.

[1]Sigla do Diretório Político Estatal Unificado, criado em 1923, órgão de luta contra atividades contrarrevolucionárias da Rússia comunista. [N. T.]

EM DEFESA DA LEITURA DE LIVROS ANTIGOS

Deus no banco dos réus

(da Parte II, capítulo 4, "Sobre a
leitura de livros antigos")

Circula por aí uma ideia estranha de que livros antigos, sobre qualquer assunto, devem ser lidos apenas por profissionais, e que os amadores devem contentar-se com livros modernos. Assim, descobri, ensinando literatura inglesa, que, se um aluno comum deseja aprender algo sobre o platonismo, a última coisa que ele pensa em fazer é procurar uma tradução de *O Banquete*, de Platão, na prateleira da biblioteca. Ele prefere ler um livro moderno e tedioso dez vezes mais comprido, cheio de "ismos" e influências, que só apresenta informações sobre o que Platão realmente falou mais ou menos a cada doze páginas. Tal erro é, de certa forma, aceitável, pois nasce da humildade. O aluno tem certo receio de se defrontar com um dos grandes filósofos face a face. Ele se sente inadequado e acha que não o entenderá. No entanto, desconhece que aquele grande homem, justamente por causa de sua grandeza, é muito mais inteligível do que seu comentarista moderno. O aluno mais simples consegue entender, se não tudo, grande parte do que

Platão falou; em contrapartida, quase ninguém consegue entender certos livros sobre o platonismo.

Sempre foi, portanto, um dos meus principais empenhos como professor persuadir os jovens de que o conhecimento de primeira mão é não apenas mais digno de ser adquirido do que o conhecimento de segunda mão, como também costuma ser muito mais fácil e mais agradável.

Em nenhum outro lugar, a preferência equivocada por livros modernos e a timidez diante de livros antigos são mais exacerbadas do que na teologia. Quase sempre que nos deparamos com um pequeno grupo de estudos composto por cristãos leigos, podemos ter certeza de que eles estão estudando não Lucas, Paulo, Agostinho, Tomás de Aquino, Hooker[1] ou Butler[2], mas M. Berdyaev[3], M. Maritain[4], Niebuhr[5], Sayers[6] ou até eu mesmo.

Ora, isso me parece estar às avessas. Naturalmente, uma vez que eu mesmo sou um escritor, meu desejo não é que o leitor comum pare de ler livros modernos. Porém, se ele tiver de escolher entre o novo e o antigo, minha recomendação é que ele leia o antigo. E eu lhe daria esse conselho justamente porque o leitor comum é um amador e, portanto, está muito menos protegido do que o especialista contra os perigos de uma dieta contemporânea exclusiva. Um livro novo ainda está em teste, e o amador não está em posição de julgá-lo. Ele tem de ser testado segundo o grande acervo do pensamento cristão formado ao longo dos séculos, e todas as suas implicações ocultas (das quais muitas vezes nem mesmo o próprio autor suspeita) têm de ser trazidas à luz. Muitas vezes, ele não pode ser compreendido sem o conhecimento proveniente de uma boa quantidade de outros livros modernos.

cada época tem um ponto de vista próprio. Cada uma é especialmente boa em enxergar certas verdades e suscetível a cometer certos erros. Todos nós, portanto, precisamos de livros que corrijam os erros característicos de nosso próprio tempo. E isso significa livros antigos.

Quando começamos a participar, às onze horas, de uma conversa que começou às oito, não enxergamos a relevância do que está sendo dito. Comentários que nos soam muito comuns produzirão riso ou irritação nos outros, e não entenderemos por que — e a razão, é claro, é que partes anteriores da conversa lhe conferiram um sentido especial. Da mesma maneira, frases em um livro moderno que parecem bastante normais talvez tenham sido direcionadas "a" algum outro livro; desta forma, você pode ser levado a aceitar algo que teria rejeitado com indignação se conhecesse seu verdadeiro significado. A única segurança é ter um padrão claro e central de cristianismo ("cristianismo puro e simples", como Baxter o chamou) que coloque as controvérsias do momento na devida perspectiva. E esse padrão só pode ser adquirido em livros antigos. É uma boa regra sempre incluir um livro antigo entre a leitura de dois livros novos. Se isso for demais para você, talvez então devesse ler, no mínimo, um livro antigo a cada três livros novos.

Cada época tem um ponto de vista próprio. Cada uma é especialmente boa em enxergar certas verdades e suscetível a cometer certos erros. Todos nós, portanto, precisamos de livros que corrijam os erros característicos de nosso próprio tempo. E isso significa livros antigos. Todos os escritores contemporâneos compartilham, em certa medida, a perspectiva contemporânea — mesmo aqueles que, como eu, mais parecem se opor a ela. Quando leio as controvérsias de tempos passados, nada me impressiona mais do que o fato de que ambos os lados costumam considerar como ponto pacífico muitas coisas que agora negaríamos completamente. Eles acreditavam estar na posição mais oposta possível um do outro, sendo que, na realidade, estavam o tempo todo secretamente unidos — unidos *entre* si e *contra* épocas anteriores e posteriores — por um grande conjunto de pressuposições em comum. Podemos ter certeza de que a cegueira característica do século XX — a cegueira acerca da qual a posteridade perguntará: "Mas como eles *poderiam* ter pensado aquilo?" — reside onde nunca suspeitamos e refere-se a algo a respeito do qual Hitler e o presidente Roosevelt[7] ou H. G. Wells e Karl Barth concordam pacificamente. Nenhum de nós pode escapar totalmente dessa cegueira; todavia, sem dúvida a aumentamos, bem como enfraquecemos nossas defesas contra ela quando nos limitamos a ler livros modernos. Quando são verdadeiros, os livros modernos oferecem-nos verdades que já conhecíamos parcialmente. Quando são falsos, agravam o erro pelo qual já fomos perigosamente acometidos. O único paliativo é manter a brisa marítima pura dos séculos soprando em nossa mente, e isto só pode ser feito mediante a leitura de livros antigos. Não, é claro, que exista algum tipo de mágica inerente ao passado. As pessoas não eram mais inteligentes do que hoje; elas cometiam tantos erros quanto nós. Mas não os *mesmos* erros. Elas não encorajam os erros que cometemos; e seus erros, agora expostos e palpáveis, não nos oferecem risco. Duas cabeças pensam melhor do que uma — não porque são infalíveis, mas porque é improvável que sigam pela mesma direção errada.

Sem dúvida, os livros do futuro seriam corretivos tão bons quanto os livros do passado, mas infelizmente não temos acesso a eles.

[1]Richard Hooker (c. 1554—1600), pastor anglicano.
[2]Joseph Butler (1692—1752), bispo de Durham.
[3]Nicolas Berdyaev (1874—1948), filósofo e autor russo.
[4]Jacques Maritain (nascido em 1882), filósofo francês tomista.
[5]Reinhold Niebuhr (nascido em 1892), teólogo norte-americano.
[6]Dorothy L. Sayers (1893—1957), autora de várias peças religiosas e muitas histórias populares de detetive.
[7]Isso foi escrito em 1943.

O PAPEL DO MARAVILHOSO NA NARRATIVA

Sobre histórias

(do capítulo "Sobre histórias")

Boas histórias muitas vezes apresentam o maravilhoso ou o sobrenatural, e nada sobre Histórias tem sido tão frequentemente incompreendido como isso. Assim, por exemplo, o Dr. Johnson, se bem me lembro, pensava que as crianças gostavam de histórias de coisas maravilhosas porque eram muito ignorantes para saber que as histórias eram impossíveis. Mas as crianças nem sempre gostam delas, e nem sempre os que o fazem são crianças; e, para apreciar a leitura sobre fadas — muito mais sobre gigantes e dragões — não é necessário acreditar nelas. Acreditar é, na melhor das hipóteses, irrelevante; pode ser uma desvantagem positiva. Tampouco são as maravilhas em uma boa História sempre meras ficções arbitrárias com o objetivo de tornar a narrativa mais sensacional.

Aconteceu-me comentar com um homem que estava sentado ao meu lado no jantar, um dia desses, que eu lia Grimm em alemão certa noite, mas nunca me incomodava em procurar uma palavra que eu não conhecia, "de modo que muitas vezes é muito divertido", eu adicionei, "adivinhar o que a idosa havia dado ao príncipe e que ele depois perdeu na floresta". "E é especialmente difícil em um conto de fadas", disse ele, "onde tudo é arbitrário e, portanto, o objeto pode ser qualquer coisa". Seu erro foi profundo. A lógica de um conto de fadas é tão rigorosa quanto a de um romance realista, embora diferente.

Alguém acredita que Kenneth Grahame fez uma escolha arbitrária quando deu a seu personagem principal a forma de um sapo, ou que um cervo, um pombo ou um leão teriam o mesmo efeito? A escolha baseia-se no fato de que o rosto do sapo de verdade tem uma semelhança grotesca com certo tipo de rosto humano: um rosto bastante apoplético com um sorriso feio sobre ele. Esse é, sem dúvida, um acidente no sentido de que todas as linhas que sugerem a semelhança estão realmente lá por razões biológicas bastante diferentes. A ridícula expressão quase humana é, portanto, imutável: o sapo não consegue parar de sorrir porque o "sorriso" não é realmente um sorriso. Olhando para a criatura, vemos, isolado e fixado, um aspecto da vaidade humana em sua forma mais engraçada e perdoável; seguindo essa indicação, Grahame cria o Sr. Sapo — um humor *ultrajohnsoniano*. E trazemos de volta a riqueza das Índias; doravante temos mais deleite em certo tipo de vaidade na vida real e mais bondade com respeito a ela.

Mas por que os personagens devem ser disfarçados de animais? O disfarce é muito fino, tão delgado que Grahame faz o Sr. Sapo, em certa ocasião, "pentear as folhas secas de seus *cabelos*". Contudo, isso é absolutamente indispensável. Se tentar reescrever o livro com todos os personagens humanizados, você deparará, desde o início, com um dilema. Eles são adultos ou crianças? Você descobrirá que eles não são nem um nem outro: são como crianças, na medida em que não têm responsabilidades, nem luta pela existência, nem preocupações domésticas. As refeições aparecem; nem sequer perguntam quem as cozinhou. Na cozinha do Sr. Texugo, os "pratos da cômoda sorriem para os potes na prateleira". Quem os mantém limpos? Onde foram comprados? Como foram entregues na Floresta Selvagem? O Toupeira está muito confortável em sua casa subterrânea, mas do que ele vive? Se ele *vive de rendas*, onde é o banco, quais são seus investimentos? As mesas em seu pátio estavam "marcadas com manchas redondas que sugeriam canecas de cerveja". Mas onde ele pegou a cerveja? Desse aspecto, a vida de todos os personagens é a de crianças para quem tudo é providenciado e que tem tudo como garantido. Mas, por outros aspectos, é a vida de adultos: eles vão aonde querem e fazem o que bem entendem; eles tocam a própria vida.

nenhum livro *é realmente digno de ser lido aos dez anos se não for igualmente (e, por vezes, muito mais) digno de ser lido aos cinquenta. [...]As únicas obras imaginativas que devemos deixar de lado são aquelas que teria sido melhor nem termos lido lá trás.*

Nesse sentido, o livro é um espécime do escapismo mais escandaloso: ele pinta uma felicidade em condições incompatíveis — o tipo de liberdade que podemos ter apenas na infância com o tipo que podemos ter apenas na maturidade — e dissimula a contradição com a pretensão adicional de que os personagens não são seres humanos. Um absurdo ajuda a esconder o outro. Seria possível esperar que um livro assim não nos adequaria à dureza da realidade e que nos enviasse de volta a nossa vida diária instável e descontente. Não acho que isso aconteça. A felicidade que ele nos apresenta é, na verdade, cheia das coisas mais simples e possíveis: comida, sono, exercício, amizade, a face da natureza, até mesmo (em certo sentido) a religião. A "refeição simples, que sustenta" de "toucinho com fava e um pudim de macarrão" que o Rato deu a seus amigos, não duvido, contribuiu muito com os jantares de creche reais. E, da mesma forma, toda a história, paradoxalmente, fortalece nosso gosto pela vida real. Essa excursão no absurdo envia-nos de volta ao real com renovado prazer.

É costume usar um tom apologético e galhofeiro ao falar sobre o deleite de um adulto com os chamados "livros infantis". Acho que a convenção é tola. Nenhum livro é realmente digno de ser lido aos dez anos se não for igualmente (e, por vezes, muito mais) digno de ser lido aos cinquenta — exceto, claro, os livros de informação. As únicas obras imaginativas que devemos deixar de lado são aquelas que teria sido melhor nem termos lido lá trás. Um paladar maduro provavelmente não gostará muito de *crème de menthe*, mas ainda desfrutará de pão, manteiga e mel.

CRESCENDO RODEADO POR LIVROS

I. Produto de livros infindáveis

A Casa Nova [*Little Lea*, casa de infância de Lewis] é praticamente um personagem de destaque em minha história. Sou um produto de longos corredores, salas vazias e iluminadas pelo sol, cômodos silenciosos no andar superior, sótãos explorados em solidão, barulhos distantes de reservatórios de água, de canos ruidosos e do vento sob as telhas. Também sou fruto de livros infindáveis. Meu pai comprava todos os livros que lia, e nunca se desfazia de nenhum. Havia livros no escritório, na sala de estar, no guarda-roupa; na grande estante ao lado da escada (duas fileiras), em um dos quartos e empilhados no ático do reservatório de água, até a altura do meu ombro — livros de todo o tipo, refletindo cada estágio efêmero dos interesses dos meus pais — legíveis ou não, alguns apropriados para crianças, enquanto outros absolutamente não.

Nada me era proibido. Em tardes chuvosas, aparentemente intermináveis, pegava volume após volume das prateleiras. Sempre tinha a mesma certeza de encontrar livros novos, da mesma forma como um homem que entra em um campo sabe que encontrará uma nova folha na grama.

Surprised by joy
[Surpreendido pela alegria]

(do capítulo "The First Years" [Primeiros anos])

II. O DIA IDEAL PARA UM JOVEM ACADÊMICO

Estabelecemos uma rotina [em Great Bookham] que desde então funcionou em minha mente como um arquétipo, de modo que, ao falar de um dia "normal" (e lamentar a raridade de dias normais), refiro-me a um dia nos padrões de Bookham. Pois se pudesse me dar ao luxo, sempre viveria como vivi lá. Preferiria sempre tomar café da manhã exatamente às oito e já estar em meu escritório às nove, onde leria alguma coisa ou escreveria até a uma da tarde. Se uma boa xícara de chá ou café me pudesse ser trazida às onze, melhor ainda. Uma escapadela lá fora para uma caneca de cerveja não teria o mesmo efeito; afinal, um homem não gosta de beber sozinho, e se você encontra um amigo no *pub*, possivelmente o intervalo se estenderá além dos dez minutos.

Precisamente à uma hora, o almoço seria servido; e por volta das duas, eu estaria caminhando. Não, exceto em raras exceções, com um amigo. Caminhar e conversar são dois grandes prazeres, embora seja um erro fazer os dois ao mesmo tempo. Nosso próprio barulho interrompe os sons e silêncios do mundo ao ar livre; e conversar leva quase inevitavelmente a fumar, e então, no que diz respeito a um dos nossos sentidos, podemos dar adeus à natureza. O único amigo com quem caminharia é aquele que partilha (como descobri, durante as férias, em Arthur) exatamente do mesmo gosto por cada faceta do campo, com quem um olhar, uma parada ou no máximo um toque é o suficiente para garantir que o prazer é compartilhado.

O retorno da caminhada e a chegada do chá coincidiriam com precisão, nunca depois das quatro e quinze da tarde. O chá deveria ser tomado a sós, como em Bookham durante as (felizmente numerosas) ocasiões em que a Sra. Kirkpatrick estava fora; o próprio Knock desprezava essa refeição. Pois comer e ler são dois prazeres que se combinam admiravelmente.

Evidentemente, nem todo livro é apropriado à leitura durante uma refeição. Seria uma espécie de blasfêmia ler poesia à mesa. O ideal é um tipo de livro que exige menos de nós, de natureza mais informal, que possa ser aberto em qualquer lugar.

Em Bookham, aprendi a ler Boswell dessa forma e uma tradução de Heródoto, bem como a obra *History of English Literature* [História da literatura inglesa], de Lang. *Tristam Shandy*, *Elia* e *Anatomy of Melancholy* [Anatomia da melancolia] são também bons para o mesmo propósito.

Às cinco, o homem deve estar de volta ao trabalho, até as sete. Então, durante e após o jantar, chega a hora de conversar ou, se não for possível, de uma leitura mais leve; e, a menos que esteja reunido à noite com os amigos (em Bookham eu não tinha nenhum), não há razão alguma para deitar-se depois das onze. No entanto, quando é que um homem pode escrever suas cartas, afinal? Não se esqueça de que estou descrevendo a vida feliz que levava com Kirk, ou a vida ideal que viveria hoje, se pudesse. E é parte essencial da vida feliz que um homem quase nunca receba cartas, e jamais tema a batida do carteiro.

Surprised by joy
[Surpreendido pela alegria]

(do capítulo "The Great Knock" [O grande Knock])

III. APRENDENDO A AMAR
O CORPO DOS LIVROS

Outra coisa que Arthur [Greeves] me ensinou a amar foi o corpo dos livros. Eu sempre os havia respeitado. Meu irmão e eu podíamos cerrar escadas sem qualquer escrúpulo; mas deixar marcas de dedo ou orelhas nas páginas de um livro nos cobriria de vergonha. Contudo, Arthur não apenas respeitava: ele era apaixonado pelo corpo dos livros, e não demorou para que eu me apaixonasse também. A diagramação da página, a sensação e o cheiro do papel, os diferentes sons que diferentes papeis produzem enquanto giramos as folhas — tudo isso tornou-se prazeroso aos meus sentidos.

Só que isso também me revelou um defeito em Kirk. Quantas vezes não estremeci ao vê-lo pegar um novo texto clássico meu com suas mãos de jardineiro, dobrando as capas até rasgarem ou deixando sua marca em cada página!

— Sim, eu me lembro — disse meu pai.— Era uma das falhas do velho Knock.

— Uma falha lamentável — repliquei.

— Praticamente imperdoável — concluiu.

Surprised by joy

[Surpreendido pela alegria]

(do capítulo "Fortune's Smile"
[Sorriso da sorte])

SOBRE A SENSAÇÃO DE ENCONTRAR UM AUTOR PREFERIDO PELA PRIMEIRA VEZ

I. Canção da sereia
e o vento da alegria

Um glorioso fim de semana de leitura estava diante de mim. Voltando-me para a prateleira de livros, escolhi um clássico editorial já empoeirado: *Phantastes, a faerie Romance* [Phantastes, um romance fantástico], de George MacDonald. [...] Naquela noite, comecei a ler o meu novo livro.

Jornadas pelas florestas, inimigos fantasmagóricos, donzelas boas e más — tudo isso me lembrava bastante das minhas fantasias costumeiras, de modo que me seduziram sem que eu percebesse qualquer mudança. É como se, dormindo, eu fosse carregado para além da fronteira, como se eu tivesse morrido no velho país e não conseguisse me lembrar de como ressuscitei no novo. Pois, em certo sentido, o novo país era exatamente igual ao velho. Nele, encontrava tudo o que já me fascinara em

Malory,[1] Spencer,[2] Morris[3] e Yeats[4]. Em certo sentido, porém, tudo mudara. Ainda não sabia (e tardava em aprender) o nome da nova qualidade, da sombra brilhante, que pairava sobre as viagens de Anodos [protagonista de *Phantastes*]. Agora eu sei. Era a Santidade.

Pela primeira vez, o cântico das sereias soava como a voz da minha mãe ou da minha babá. Eram histórias da carochinha; não havia o porquê de me orgulhar por gostar delas. Era como se a voz que me chamara dos confins do mundo agora falasse ao meu lado. Estava comigo no quarto, ou dentro de mim, ou atrás de mim. Se antes ela se esquivava de mim pela distância, agora o fazia pela proximidade — algo próximo demais para ser visto, óbvio demais para ser entendido, deste lado do conhecimento. Parecia estar sempre comigo; se tão somente virasse a cabeça rápido o bastante, poderia agarrá-la.

Agora, pela primeira vez, senti que ela estava fora de alcance — não por algo que eu podia fazer, mas pelo que eu não conseguia parar de fazer. Ainda que eu pudesse me livrar de mim mesmo, soltar-me, desfazer-me, a voz continuaria ali. Enquanto isso, nesse lugar novo, todas as confusões que até então haviam complicado a busca pela Alegria foram desarmadas. Não havia a tentação de confundir as cenas do conto com a luz que pairava sobre elas, nem de supor que foram sugeridas como realidades, nem de sonhar que,

se fossem realidades e eu conseguisse alcançar as florestas por onde Anodos viajava, então daria um passo
a mais em direção ao meu desejo.

> Era como se a voz que me
> chamara dos confins do mundo falasse
> agora ao meu lado.

Todavia, ao mesmo tempo, jamais o vento da
Alegria que soprava de qualquer das histórias fora
tão inseparável das histórias em si. Se o deus e o *idolon*
eram praticamente uma coisa só, havia menos perigo
de confundi-los. Assim, com a chegada dos grandes
momentos, não fugi das florestas e casas de campo
acerca das quais lia a fim de buscar alguma luz incor-
pórea, brilhando além delas; mas gradualmente, com
uma continuidade crescente (como o sol da manhã
que faz desaparecer a neblina), descobri a luz que
brilhava sobre essas florestas e casas de campo, e
então no meu próprio passado, no cômodo silencioso
em que me via sentado, no meu velho professor ao
menear a cabeça acima de seu pequeno *Tácito*. Pois
agora eu percebia que embora o ar desse lugar novo
fizesse todas as perversões eróticas e mágicas da
Alegria soarem como um sórdido ouropel, não tinha

tal poder desencantador sobre o pão na mesa ou os carvões na lareira. Esse era o milagre.

Até então, cada visita da alegria transformava, por um momento, o mundo comum em um deserto — "O primeiro toque da terra quase matava"[5]. Mesmo quando nuvens ou árvores reais eram o aspecto material da visão, só o eram por me lembrarem um outro mundo; e eu não apreciava o retorno ao nosso mundo. Agora, porém, via a sombra brilhante saindo do livro, entrando no mundo real e ali irradiando, permeando todas as coisas comuns e ainda assim permanecendo, ela mesma, imutável. Ou, mais acuradamente, vi as coisas comuns atraídas à sombra brilhante. *Unde hoc mihi?* [Lucas 1:43, Vulgata Latina]. Nas profundezas de minhas desgraças, na então invencível ignorância do meu intelecto, tudo isso me foi dado sem que eu pedisse, sem mesmo o meu consentimento. Naquela noite, minha imaginação foi, em certo sentido, batizada; o restante de mim, claro, levou mais tempo. Não tinha a menor ideia daquilo em que me envolvera ao comprar *Phantastes*.

Surprised by joy

[Surpreendido pela alegria]

(do capítulo "Check" [Xeque])

II. Atravessando uma grande fronteira

Nunca escondi o fato de considerar [George MacDonald] como meu mentor; de fato, creio que nunca escrevi um livro no qual deixei de citá-lo. Não me parece, porém, que aqueles que receberam meus livros gentilmente notam o bastante, mesmo agora, a afiliação. A honestidade me leva a enfatizá-lo. E mesmo que a honestidade não me levasse a tanto, o fato é que sou professor universitário, e "caçar fontes" (*Quellenforschung*) talvez esteja no meu sangue.

Deve ter sido há mais de trinta anos que eu comprei — quase sem querer, pois já havia olhado o volume naquela banca de livros e o rejeitado em diversas ocasiões anteriores — aquela edição particular de *Phantastes*. Poucas horas depois, sabia que havia atravessado uma grande fronteira.

Já estava atolado no romantismo, até a cintura; e provavelmente o suficiente para, a qualquer momento, afundar em suas formas mais sombrias e más, deslizando pela descida íngreme que leva do amor à estranheza, da estranheza à excentricidade e, por fim, da excentricidade à perversidade. Ora, *Phantastes* era romântico o suficiente, de um modo geral; mas havia uma diferença. Na época, nada estava mais distante do meu pensamento do que o cristianismo, de forma que eu não tinha noção do que, precisamente,constituía essa diferença. Só sabia que esse novo mundo era estranho, mas familiar e humilde; que se fosse um sonho, era um sonho em que alguém ao menos se sentia estranhamente acordado; que o livro como um todo era caracterizado por um tipo de inocência refrescante e matinal, além de possuir uma certa qualidade de Morte — de *boa* Morte.

O que *Phantastes* realmente me fez foi converter, até batizar (foi aí que a Morte entrou), minha imaginação. Não fez nada ao meu intelecto nem (naquele tempo) à minha consciência. A vez de ambos chegou muito mais tarde e com a ajuda de muitos outros livros e homens. Mas após a conclusão do processo — pelo qual, claro, quero dizer "quando o processo realmente começou" — descobri que ainda estava com MacDonald e que ele me havia acompanhado o tempo todo, de sorte que finalmente estava pronto para ouvir dele muitas coisas que não conseguiria escutar naquele primeiro encontro.

Entretanto, em certo sentido, o que MacDonald agora me falava era o mesmo que me havia dito desde o início. Não precisava pegar a pérola e jogar a concha fora; não havia sido enganado pelas aparências. Estava realmente diante de ouro puro. Descobri que a qualidade que me havia encantado em suas obras imaginativas não eram nada menos do que a qualidade do próprio universo real, a realidade divina, mágica, aterrorizante e extática em que todos vivemos.

George MacDonald: An Anthology

[George MacDonald: uma antologia]

$\left(\text{do "Prefácio"}\right)$

---

[1]Thomas Malory (1405-1471), romancista inglês, famoso por ter escrito as histórias do rei Arthur e dos cavaleiros da Távola Redonda. [N. R.]
[2]Edmund Spencer (1552-1599), poeta renascentista britânico, introdutor da poesia bucólica na Inglaterra. [N. R.]
[3]Willian Morris (1834-1896), designer têxtil, poeta, romancista, tradutor e ativista socialista inglês. [N. R.]
[4]William Butler Yeats (1865-1939), poeta e dramaturgo irlandês. [N. R.]
[5]Trecho do poema "Endymion", de John Keats. [N. T.]

POR QUE FILMES PODEM ARRUINAR LIVROS?

Sobre histórias

(do capítulo "Sobre histórias")

C erta vez, fui levado para ver uma versão cinematográfica de *As minas do rei Salomão*. De seus muitos pecados — sem falar da introdução de uma jovem mulher totalmente irrelevante, de bermuda, que acompanha os três aventureiros aonde quer que vão — apenas um aqui nos diz respeito. No final do livro de Haggard, como todos lembram, os heróis estão aguardando a morte sepultados em uma câmara na rocha e cercados pelos reis mumificados daquela terra. O realizador da adaptação cinematográfica, no entanto, aparentemente pensou que isso era muito inofensivo. Ele substituiu isso por uma erupção vulcânica subterrânea e depois fez algo ainda melhor, adicionando um terremoto. Talvez não devamos culpá-lo. Talvez a cena no original não fosse "cinematográfica" e o homem estivesse certo, pelos cânones de sua própria arte, em alterá-la. Mas teria sido melhor não ter escolhido, em primeiro lugar, uma história que poderia ser adaptada à tela apenas se fosse arruinada. Arruinada, pelo menos, para mim.

Não há dúvida de que, se empolgação é tudo o que você quer de uma história, e se o aumento dos perigos aumentar a empolgação, então, uma rápida sucessão de dois riscos (o de ser queimado vivo e o de ser reduzido a migalhas) seria melhor do que o único prolongado perigo de morrer de fome em uma caverna. Mas esse é exatamente o ponto.

Ao falar de livros que são "meras histórias" — isto é, livros que se preocupam principalmente com o acontecimento imaginado, e não com personagem ou sociedade —, quase todo mundo pressupõe que a "empolgação" é o único prazer que eles sempre proporcionam ou sempre deveriam proporcionar.

Deve haver um prazer nessas histórias distinto da mera empolgação ou eu não deveria sentir que fui enganado por ter o terremoto em vez da cena real de Haggard. O que perco é todo o sentido de ser mortal (coisa bastante diferente do simples perigo de morte) — o frio, o silêncio e os rostos circundantes dos antigos, coroados e entronizados mortos. Você pode, se quiser, dizer que o efeito produzido por Rider Haggard é bastante "grosseiro", ou "vulgar", ou "sensacional" naquilo em que o filme o substituiu. No momento, não estou discutindo isso. O ponto é que são extremamente diferentes. Um coloca um silencioso feitiço sobre a imaginação; o outro provoca um rápido alvoroço dos nervos. Ao ler esse capítulo do livro, a curiosidade ou o suspense sobre a fuga dos heróis de sua armadilha de morte formam a parte muito menor da experiência de alguém. Da armadilha eu me lembro para sempre; como eles saíram, esqueci há muito tempo.

Parece-me que, ao falar de livros que são "meras histórias" — isto é, livros que se preocupam principalmente com o acontecimento imaginado, e não com personagem ou sociedade —, quase todo mundo pressupõe que a "empolgação" é o único prazer que eles sempre proporcionam ou sempre deveriam proporcionar. A *empolgação*, nesse sentido, pode ser definida como a alternância entre a tensão e o apaziguamento da ansiedade imaginada. Isso é o que eu penso ser falso. Em alguns desses livros, e para alguns leitores, há outro fator a se considerar. [...]

Se eu estou sozinho nessa experiência, então, com certeza, o presente ensaio é de interesse meramente autobiográfico. Mas tenho certeza de que não estou absolutamente sozinho. Eu escrevo sobre a possibilidade de que alguns outros sintam o mesmo e na esperança de que eu possa ajudá-los a esclarecer as próprias sensações.

No exemplo de As *minas do rei Salomão*, o produtor do filme substituiu, no ponto culminante, um tipo de perigo por outro e, desse modo, para mim, arruinou a história. Mas, onde a empolgação é a única coisa que importa, o tipo de perigo deve ser irrelevante. Somente os graus de perigo serão importantes. Quanto maior o perigo e quanto mais difícil a fuga do herói, mais emocionante será a história. Mas, quando nos preocupamos com "algo mais", não é assim que funciona. Diferentes tipos de perigo produzem acordes diferentes na imaginação. Mesmo na vida real, diferentes tipos de perigo produzem diferentes tipos de medo. Pode-se chegar a um ponto em que o medo é tão grande que tais distinções desaparecem, mas isso é outro assunto. Há um medo que é irmão gêmeo da admiração, como aquele que o homem em tempo de guerra sente quando ouve o primeiro som das armas; há um medo que é irmão gêmeo da aversão, como aquele que o homem sente ao encontrar uma cobra ou um escorpião no quarto. Há medos tensos e vibrantes (por uma fração de segundo dificilmente distinguíveis de uma espécie de emoção prazerosa) que um homem pode sentir num cavalo perigoso ou num mar perigoso; e, novamente, medos mortais, esmagadores, arrasadores, atordoantes, como quando pensamos que temos câncer ou cólera. Há também medos que não ocorrem por causa de *perigo*: como o medo de algum inseto grande e horrível, embora inócuo, ou o medo de fantasma. Tudo isso ocorre, mesmo na vida real. Mas, na imaginação, em que o medo não se eleva ao nível do terror abjeto e não é descarregado em ação, a diferença qualitativa é muito mais forte.

Nunca me lembro de um momento em que isso não estivesse, por mais vago que fosse, presente em minha consciência. *Jack, o matador de gigantes* não é, em essência, apenas a história de um herói inteligente que supera o perigo. É, em essência, a história de um herói vencendo o *perigo dos gigantes*. É bastante fácil inventar uma história em que, embora os inimigos sejam de tamanho normal, as chances contra Jack sejam igualmente grandes. Mas será uma história bastante diferente.

COMO MATAR PALAVRAS

Studies in Words

[Estudos de palavras]

(da "Introdução")

Verbicídio, o assassinato de uma palavra, acontece de muitas maneiras. Inflação linguística é uma das mais comuns: aqueles que nos ensinaram a dizer "terrivelmente" em lugar de "muito", "tremendo" em vez de "grande", "sadismo" em vez de "crueldade" e "impensável" como substituto de "indesejável" eram verbicidas. Outra forma é a verbosidade, isto é, o uso de uma palavra como promessa de pagamento que nunca será cumprida.

> A **maior causa** de verbicídio é o fato de que, obviamente, a maioria das pessoas anseia muito mais expressar sua aprovação ou desaprovação das coisas do que descrevê-las.

O uso de "significativo" como algo absoluto, sem qualquer intenção de nos dizer que coisa é significativa, é um exemplo. O mesmo se dá com o termo "diametricamente", quando usado apenas com o objetivo de colocar no superlativo a palavra "oposto". Pessoas normalmente cometem verbicídio quando roubam uma palavra de seu contexto original e aplicam-na como *slogan* que define um partido, apropriando-se de sua "qualidade marqueteira". Cometeu-se verbicídio quando houve a troca de *Whig*[1] por "Liberal" e de *Tory*[2] por "Conservador". Mas a maior causa de verbicídio é o fato de que, obviamente, a maioria das pessoas anseia muito mais expressar sua aprovação ou desaprovação das coisas do que descrevê-las. Daí a tendência de palavras tornarem-se menos descritivas e mais avaliativas; em seguida, menos avaliativas, mas retendo ainda certa sugestão de bondade e maldade; e, por fim, culminando em designações puramente avaliativas — sinônimos inúteis de *bem* e *mal*.[...]

Não estou sugerindo que, por um purismo arcaico, sejamos capazes de reparar algumas das perdas que já ocorreram. No entanto, pode não ser totalmente inútil a autorresolução de que nós mesmos nunca cometeremos verbicídio. Se a crítica moderna parece ter iniciado um processo cuja culminação resultará em *adolescente* e *contemporâneo* virarem, respectivamente, meros sinônimos de *mau* e *bom* — e coisas mais estranhas do que essas têm acontecido — devemos bani-los do nosso vocabulário. Sou tentado a adaptar o *couplet* que lemos em alguns parques:[3]

> *Que ninguém diga, e para a tua vergonha o diga*
> *Que sentido havia aqui, antes da tua vinda.*

---

[1]Em seu sentido original, *Whig* (abreviação de *Whiggamore*) era usado para designar membros de uma facção política escocesa que, em 1648, marchou em direção a Edimburgo como oposição ao partido da corte.

[2]*Tory*, termo gaélico para designar um "criminoso" ou "proscrito", passou a denominar, por volta de 1680, a facção do parlamento britânico que apoiava o duque de Iorque para a sucessão do trono.

[3]Lewis alude a um poema afixado em alguns parques ingleses como forma de encorajar as pessoas a mantê-los limpos. Uma tradução possível seria: "Amigo/ Ao parares no caminho e assentado descansares/ Em gramados ou em bancos, sob as árvores do parque/ Que não haja marcas tuas de alguma refeição/ Como cascas de laranja e sacos sujos pelo chão/ Nem jornais que, após lidos, nem com água se desfaçam/ Pois os outros, espantados, o verão enquanto passam/ Que ninguém diga, e para a tua vergonha o diga/ Que beleza havia aqui, antes da tua vinda.

SALVANDO PALAVRAS DO ABISMO ELOGIOSO

Sobre histórias

(do capítulo "Sobre histórias")

Eu acho que foi a Srta. Macaulay que se quei-xou em um de seus deliciosos artigos (forte e leve como fio de aço) que os dicionários sempre nos falam de palavras "agora usadas apenas em um sentido negativo" e raramente ou nunca de palavras "agora usadas apenas em um sentido positivo". Sem dúvida, é verdade que quase todos os nossos termos de insulto eram originalmente termos de descrição; chamar um homem de "vilão" definia seu *status* legal muito antes de denunciar sua moralidade. A humanidade não parece satisfeita com palavras diretas de desaprovação. Em vez de dizer que um homem é desonesto, ou cruel, ou pouco confiável, insinuam que ele é ilegítimo, ou jovem, ou baixo na escala social, ou algum tipo de animal; que ele é um "escravo camponês", um "bastardo", um "malcriado", um "patife", um "cachorro", um "porco" ou (mais recentemente) um "adolescente".

Mas duvido que essa seja toda a história. Há, de fato, poucas palavras que já foram insultantes e agora são corteses — "democrata" é a única que me vem à mente de imediato. Mas com certeza há palavras que se tornaram *meramente* corteses — palavras que uma vez tiveram um sentido definido e agora não são nada mais do que ruídos de vaga aprovação? O exemplo mais claro é a palavra "cavalheiro". Esse foi, em algum tempo (como "vilão"), um termo que definia um fato social e heráldico. Saber se Snooks[1] era um cavalheiro era um problema quase tão resolúvel como saber se ele era advogado ou mestre em ciências humanas.

A mesma pergunta, feita há quarenta anos (quando era enunciada com muita frequência), não admitiu nenhuma solução. A palavra se tornou meramente elogiosa, e as qualidades em que se baseava o elogio variaram de um momento para outro, inclusive na mente do mesmo falante. Essa é uma das maneiras pelas quais as palavras morrem. Um habilidoso médico de palavras dirá que a doença é mortal naquele momento em que a palavra em questão começa a abrigar os parasitários adjetivos "real" ou "verdadeiro". Enquanto "cavalheiro" tiver um significado claro, basta dizer que fulano é um cavalheiro. Quando começamos a dizer que ele é um "cavalheiro de verdade", ou "um verdadeiro cavalheiro", ou "um cavalheiro na verdadeira acepção da palavra", podemos ter certeza de que a palavra não viverá por muito tempo.

Eu me arriscaria, então, a ampliar a observação da Srta. Macaulay. A verdade não é apenas que as palavras originalmente inocentes tendem a adquirir um sentido negativo. O vocabulário de lisonjas e de insultos é ampliado continuamente à custa do vocabulário de definição. Da mesma forma que cavalos velhos vão para o matadouro ou navios antigos são desmontados, assim as palavras, em seu declínio final, aumentam a enorme lista de sinônimos para "bom" e para "mau". E, enquanto a maioria das pessoas estiver mais ansiosa para expressar aquilo de que gosta e de que não gosta do que para descrever fatos, isso deve permanecer uma verdade universal sobre a linguagem.

Esse processo está acontecendo muito rapidamente no momento. As palavras "abstrato" e "concreto" foram criadas para expressar uma distinção em que é de fato necessário pensar; mas é apenas para os altamente qualificados que elas ainda o fazem. Na linguagem popular, "concreto" agora significa algo como "claramente definido e praticável"; tornou-se um termo de elogio. "Abstrato" (parcialmente sob a influência fonética de "abstruso") significa "vago", "sombrio", "insubstancial"; tornou-se um termo de reprovação. "Moderno", na boca de muitos palestrantes, deixou de ser um termo cronológico; ele foi "mergulhado em um sentido positivo" e muitas vezes significa pouco mais do que "eficiente" ou (em alguns contextos) "bondoso"; "barbáries medievais", na boca dos mesmos palestrantes, não faz referência nem à Idade Média nem às culturas classificadas como bárbaras. Significa simplesmente "crueldades grandes ou perversas". "Convencional" não pode mais ser usado em seu sentido próprio sem explicação. "Prático" é mero termo de aprovação; "contemporâneo", em certas escolas de crítica literária, é pouco melhor.

> **os homens não** continuam a
> *pensar naquilo que esqueceram como dizer.*

Salvar qualquer palavra do abismo elogioso e ofensivo é uma tarefa digna dos esforços de todos os que amam a língua inglesa. E posso pensar em uma palavra — a palavra "cristão" — que, neste momento, está à beira do precipício. Quando os políticos falam de "padrões morais cristãos", eles nem sempre pensam em algo que distinga a moral cristã da moral confuciana, ou estoica, ou benthamita[2]. Muitas vezes, percebe-se que isso é apenas uma variante literária entre os "epítetos adornados" que, em nosso estilo político, a expressão "padrões morais" parece requerer; "civilizado" (outra palavra arruinada), ou "moderno", ou "democrático", ou "iluminado" teriam servido também. Mas será realmente um grande incômodo se a palavra "cristão" se tornar apenas um sinônimo para "bom". Para os historiadores, se para ninguém mais, às vezes precisarão da palavra em seu próprio sentido, e o que eles vão fazer? Esse é sempre o problema de permitir que as palavras caiam no abismo. Uma vez que "porco" se transforma em mero insulto, você precisa de uma nova palavra ("suíno") quando quiser falar sobre o animal. Uma vez que "sadismo" é diminuído em sinônimo inútil de "crueldade", o que você faz quando precisar se referir à perversão altamente particular que afligiu o Marquês de Sade?

É importante notar que o perigo para a palavra "cristão" não vem de seus inimigos declarados, mas de seus amigos. Não foram os igualitários, mas foram os intrusos admiradores da gentileza que mataram a palavra "cavalheiro". Outro dia, tive motivo para dizer que certas pessoas não eram cristãs. Um crítico perguntou como eu ousava dizer isso, sendo incapaz (como é claro que sou) de ler o coração delas. Eu tinha usado a palavra para significar "pessoas que professam fé nas doutrinas específicas do cristianismo"; meu crítico queria que eu a usasse no que ele (com razão) chamaria de "um sentido muito mais profundo" — um sentido tão profundo que nenhum observador humano pode dizer a quem se aplica.

E não é esse sentido mais profundo o mais importante? É, de fato, assim como era mais importante ser um cavalheiro "real" do que ter uma armadura. Contudo, o sentido mais importante de uma palavra nem sempre é o mais útil. Qual é o bem em aprofundar a conotação de uma palavra se você privá-la de toda a denotação praticável? As palavras, bem como as mulheres, podem ser "mortas de modo gentil". E, quando você, por mais reverentemente que tenha sido, tiver matado uma palavra, você também, no que diga respeito ao quanto havia dela em sua mente, terá apagado da mente humana o que a palavra em sua origem representava. Os homens não continuam a pensar naquilo que esqueceram como dizer.

[1]Personagem de *The Duel, Or, My Two Nephews: A Farce in Two Acts* [O duelo, ou meus dois sobrinhos: uma farsa em dois atos], peça teatral do dramaturgo inglês Richard Brinsley Peake (1792—1847). [N. T.]
[2]Jeremy Bentham (1748—1832), filósofo e jurista inglês, considerado como difusor do utilitarismo. [N. T.]

AS CONQUISTAS
DE
J.R.R. TOLKIEN

I. Resenha de *O Hobbit*

As editoras afirmam que *O Hobbit*, embora muito diferente de *Alice*, assemelha-se a este por ser o trabalho de um professor em sua recreação. Uma verdade mais importante é que ambos pertencem a uma classe muito pequena de livros que não têm nada em comum, exceto que cada um nos leva a um mundo próprio, um mundo que já estava por aí antes de tropeçarmos nele, o qual, porém, uma vez encontrado pelo leitor certo, torna-se indispensável para ele. Seu lugar é ao lado de *Alice*, *Planolândia*, *Phantastes*, *O vento nos salgueiros*.

Definir o mundo de *O Hobbit* é, obviamente, impossível, pois é novo. Não se pode antecipá-lo antes de ir até lá, assim como não se pode esquecê-lo depois de ter estado lá. [...]

Você mesmo deve ler a fim de descobrir como a mudança é inevitável e como ela acompanha a jornada do herói. Embora tudo seja maravilhoso, nada é arbitrário: todos os habitantes das Terras-selváticas parecem ter o mesmo direito inquestionável de existir, assim como os de nosso próprio mundo, embora as crianças afortunadas que os encontre não se dão conta — e os pais dela, mais velhos e destreinados, também não — das fontes profundas em nosso sangue e em nossa tradição a partir dos quais eles brotam.

Fazer previsões é arriscado, mas *O Hobbit* pode muito bem vir a ser um clássico.

Deve ser entendido que esse é um livro infantil apenas no sentido de que a primeira de muitas leituras pode ser realizada no berçário. *Alice* é lido com seriedade por crianças e com riso por adultos; *O Hobbit*, por outro lado, será mais divertido para seus leitores mais jovens e, apenas anos depois, em uma décima ou em uma vigésima leitura, eles começarão a perceber a erudição hábil e a profunda reflexão que serviram para fazer tudo nele tão maduro, tão amigável e, a seu modo, tão verdadeiro. Fazer previsões é arriscado, mas *O Hobbit* pode muito bem vir a ser um clássico.

Sobre histórias
(do capítulo 10, "O Hobbit")

II. Resenha de
O Senhor dos Anéis

Tal livro[1] é como um raio num céu claro; tão marcadamente diferente, tão imprevisível em nossa época quanto as *Canções da inocência*[2] o foram em sua. É inadequado dizer que nele o romance heroico, grandioso, eloquente e franco repentinamente retornou em um período de antirromantismo quase patológico. Para nós, que vivemos nesse período estranho, o retorno — e o alívio absoluto que ele traz — é sem dúvida o importante. Mas, a história registrada no próprio romance — uma história que remonta à *Odisseia* e vai além — não faz um retorno, mas um avanço ou uma revolução: a conquista de um novo território.

Nada parecido com ele foi feito antes. "Leva-se isso", diz Naomi Mitchison, "tão a sério quanto Malory"[3]. Mas o inelutável senso de realidade que sentimos em *Le Morte d'Arthur* [A morte de Arthur] vem principalmente do grande peso da obra de outros homens, desenvolvidas século após século, que veio sobre ela. A conquista totalmente nova do professor Tolkien é que ele carrega um senso de realidade comparável, mas que não precisa de ajuda. Provavelmente nenhum livro jamais escrito no mundo seja um exemplo tão radical daquilo que seu autor chamou em outro lugar de "subcriação"[4]. A dívida direta (há, naturalmente, tipos de dívida mais sutis) que cada autor deve ao universo real é aqui, de modo deliberado, reduzida ao mínimo. Não satisfeito em criar sua própria história, ele cria, com uma prodigalidade quase insolente, o mundo inteiro em que ela transcorre, com sua teologia própria, com seus mitos, geografia, história, paleografia, línguas e ordens de seres — um mundo "repleto de incontáveis criaturas estranhas"[5]. Os nomes, por si só, são um banquete, quer sejam do aromático e tranquilo interior (Grã Cava, Quarta Sul), valentes e majestosos (Boromir, Faramir, Elendil), repugnantes, como Sméagol, que também é Gollum, ou de franzir o cenho com a força maligna de Barad-dûr ou Gorgoroth; ainda melhor (Lothlórien, Gilthoniel, Galadriel) quando eles encarnam aquela beleza élfica penetrante e elevada, a qual nenhum outro escritor de prosa capturou tanto.

Tal livro tem, naturalmente, seus leitores predestinados, mesmo agora mais numerosos e mais críticos do que sempre se percebeu. Para eles, um resenhista precisa dizer pouco, exceto que aí estão beldades que perfuram como espadas ou queimam como ferro frio; aí está um livro que vai partir seu coração. Eles saberão que essa é uma boa notícia, muito além do esperado. Para completar a felicidade deles, só é necessário acrescentar que ele promete ser gloriosamente longo: este volume é apenas o primeiro de três. Mas é um livro muito grande para controlar apenas seus assuntos naturais. Algo deve ser dito "aos de fora", aos não convertidos. Desse modo, no mínimo, possíveis mal-entendidos podem ser tirados do caminho.

Em primeiro lugar, devemos entender claramente que, embora *A Sociedade do Anel*, em certo sentido, continue o conto de fadas do autor, *O Hobbit*, ele não é, de modo algum, um "juvenil" crescido. O contrário é a verdade. *O Hobbit* era apenas um fragmento arrancado do enorme mito do autor e adaptado para crianças, inevitavelmente perdendo algo pela adaptação. *A Sociedade* nos dá finalmente os contornos desse mito "em sua verdadeira dimensão, como eles mesmos". O mal-entendido sobre esse ponto pode ser facilmente encorajado pelo primeiro capítulo, no qual o autor (assumindo um risco) escreve quase da maneira do livro mais antigo e mais distante. Para os que acharão o corpo principal do livro profundamente comovente, esse capítulo pode não ser o favorito.

No entanto, havia boas razões para essa abertura, e ainda mais para o prólogo (totalmente admirável) que a precede. É essencial que sejamos primeiro bem imersos no caráter "acolhedor", na frivolidade, até mesmo (em seu melhor sentido) na vulgaridade das criaturas chamadas hobbits; esses seres não ambiciosos, pacíficos, mas quase anárquicos, com rostos "mais bem-humarados que bonitos" e "bocas prontas ao riso e a comer"[6], que fazem do fumar uma arte e gostam de livros que lhes dizem o que já sabem. Eles não são uma alegoria dos ingleses, mas talvez sejam um mito que apenas um inglês (ou, devemos adicionar, um holandês?) poderia ter criado. O tema central de quase todo o livro é o contraste entre os hobbits (ou "o Condado") e o destino terrível ao qual alguns deles são chamados, a descoberta terrível que a humilde felicidade do Condado, que eles pensavam ser certamente normal, é, na realidade, uma espécie de acidente local e temporário, que sua existência depende de sua proteção por poderes que os hobbits não se atrevem a imaginar, que qualquer hobbit pode se ver forçado a sair do Condado e se envolver nesse grande conflito. Mais estranhamente ainda, o advento desse conflito entre coisas mais fortes pode depender deles, que são quase os mais fracos.

O que mostra que estamos lendo um mito, não uma alegoria, é que não há indicações para uma aplicação especificamente teológica, política ou psicológica. Um mito aponta, para cada leitor, para o reino em que ele mora na maior parte do tempo. É uma chave mestra; use-a na porta que você quiser. E há outros temas em *A Sociedade* igualmente sérios.

É por isso que não há deixas sobre "escapismo" ou "nostalgia" e nenhuma desconfiança de "mundos privados" está em julgamento. Não é Angria[7] nem sonhar; é uma invenção sã e vigilante, revelando ponto após ponto a integração da mente do autor. Qual a utilidade de chamar de "privado" um mundo em que todos podemos entrar e testar, e no qual encontramos esse equilíbrio? Quanto ao escapismo, aquilo de que escapamos principalmente são as ilusões de nossa vida comum. Nós certamente não escapamos da angústia. Apesar de uma aconchegante lareira e de muitas horas de bom ânimo para satisfazer o hobbit em cada um de nós, a angústia é, para mim, quase a nota predominante. Porém, não como na literatura mais típica de nossa época, a angústia de almas anormais ou deformadas, mas, antes, aquela angústia dos que estavam felizes antes de certa escuridão surgir e dos que ficarão felizes se viverem para vê-la desaparecer.

A nostalgia realmente vem; não a nossa nem a do autor, mas a dos personagens. [...] Nosso próprio mundo, exceto em certos momentos raros, dificilmente parece tão abatido com o passado. Esse é um elemento da angústia que os personagens carregam. Mas com a angústia vem também uma estranha exaltação. Eles são imediatamente atingidos e apoiados pela memória das civilizações desaparecidas e do esplendor perdido. Eles passaram a segunda e a terceira eras; o vinho da vida foi extraído há muito tempo. Ao lermos, encontramo-nos compartilhando seu fardo; quando terminamos, voltamos para nossa própria vida, não descontraídos, mas fortificados.

Contudo, ainda há mais no livro. De vez em quando, vindas de fontes que só podemos conjecturar, e quase estranhas (alguém pensaria) à imaginação habitual do autor, as figuras nos são tão repletas de vida (não a vida humana), que fazem nossa espécie de angústia e nossa espécie de exaltação parecerem sem importância. Tal é Tom Bombadil, assim como os inesquecíveis Ents. Este é certamente o maior alcance da invenção: quando um autor produz o que parece não ser dele próprio, muito menos de alguma outra pessoa. A mitopeia, afinal, não é a mais, e sim a menos, subjetiva das atividades?

Mesmo agora deixei de lado quase tudo — a folhagem silvestre, as paixões, as virtudes elevadas, os horizontes remotos. Mesmo que eu tivesse espaço, dificilmente poderia transmiti-los. E, depois de todo o apelo mais óbvio do livro, talvez seja também o mais profundo: "Também então havia pesar, e treva crescente, mas também grande proeza e grandes feitos que não foram totalmente em vão"[8]. *Não foram totalmente em vão* é o ponto médio ponderado entre ilusão e desilusão.

Quando revisei o primeiro volume dessa obra, dificilmente ousei esperar que tivesse o sucesso que eu tinha certeza de que merecia. Felizmente, eu estava errado. Há, no entanto, uma parte de crítica falsa que deve ser mais bem respondida: a queixa de que os personagens são todos "pretos" ou "brancos". Como o clímax do Volume I estava principalmente focado na luta entre o bem e o mal na mente de Boromir, não é fácil ver como alguém poderia ter dito isso. Vou arriscar um palpite. "Como um homem há de julgar o que fazer em tempos assim?", pergunta-se no Volume II. "Como sempre julgou", vem a resposta. "O bem e o mal não mudaram [...] nem são uma coisa entre os Elfos e os Anãos, e outra entre os Homens"[9].

Essa é a base de todo o mundo tolkieniano. Penso que alguns leitores, vendo (e não gostando) dessa rígida demarcação entre preto e branco, imaginam que viram uma demarcação rígida entre negros e brancos. Olhando para os quadrados, eles assumem (desafiando os fatos) que todas as peças devem estar fazendo movimentos de bispos, que as limitam a uma única cor. Mas mesmo esses leitores dificilmente descartarão essa ideia ao longo dos dois últimos volumes. Os motivos, mesmo no lado correto, são misturados.

Os que agora são traidores geralmente começaram com intenções comparativamente inocentes. O heroico Rohan e a imperial Gondor estão em parte doentes. Mesmo o miserável Sméagol, até bastante tarde na história, tem bons impulsos, e, por um paradoxo trágico, o que por fim o empurra à beira do abismo é um discurso sem premeditação pelo personagem mais abnegado de todos. [...]

Se eu tivesse de escolher grandes momentos (como o canto do galo no Cerco de Gondor), não haveria fim; vou mencionar dois aspectos de excelência gerais (e totalmente diferentes). Um, surpreendentemente, é o realismo. Essa guerra tem a mesma qualidade da guerra que minha geração conhecia. Está tudo ali: o movimento interminável e ininteligível, a sinistra calma da frente quando "tudo agora está pronto", os civis em fuga, as amizades vivas e vívidas, o pano de fundo de algo como o desespero e o alegre primeiro plano e tais cascatas de vento enviadas do céu como uma provisão de tabaco de qualidade "resgatado" de uma ruína.

O autor nos disse em outro lugar que seu "gosto real por história de fadas foi despertado pela filologia no limiar da idade adulta e estimulado pelo resto da vida pela guerra"[10]; sem dúvida, é por isso que podemos dizer de suas cenas de guerra (citando Gimli, o anão): "Aqui há boa rocha. Este país tem bons ossos"[11].

O outro aspecto de excelência é que nenhum indivíduo, e nenhuma espécie, parece existir apenas por causa da trama. Todos existem por direito próprio, e valeu a pena terem sido criados pelo mero sabor próprio que têm, mesmo que tenham sido irrelevantes. Barbárvore serviria a qualquer outro autor (se qualquer outro pudesse tê-lo concebido) para um livro inteiro. Seus olhos estão "repletos de eras de memória e pensamentos longos, lentos, firmes"[12]. Através dessas eras, seu nome cresceu com ele, tanto que agora ele não pode dizer isso; agora, demoraria muito para ser pronunciado. Quando ele descobre que a coisa em que estão de pé é uma colina, reclama que isso é apenas uma "palavra apressada"[13] para aquilo que tem tanta história em si.

Até onde Barbárvore pode ser considerado como um "retrato do artista" deve permanecer questionável; mas, quando ele ouve que algumas pessoas querem identificar o Anel com a bomba de hidrogênio, e Mordor, com a Rússia, acho que ele poderia chamar de uma "palavra apressada". Quanto tempo as pessoas pensam que um mundo como esse leva para crescer? Pensam que isso pode ser feito tão rapidamente quanto uma nação moderna mudar seu Inimigo Público Número Um ou como cientistas modernos inventam novas armas? Quando o professor Tolkien começou, provavelmente não havia fissão nuclear, e a encarnação contemporânea de Mordor era um bom negócio mais perto da costa de nosso país. Mas o próprio texto nos ensina que Sauron é eterno; a guerra do Anel é apenas uma das mil guerras contra ele. Todas as vezes devemos ser sábios por temer sua vitória final, após a qual "não haverá mais canções". De vez em quando, teremos boas provas de que "o vento se põe no Leste, e pode estar se aproximando a hora em que mirrarão todas as matas"[14]. Cada vez que vencermos, saberemos que nossa vitória é temporária. Se insistirmos em pedir a moral da história, esta é sua moral: uma chamada de volta do otimismo fácil e também do pessimismo lamentoso, para aquela dura, ainda que não muito desesperada, compreensão da imutável situação difícil do Homem, pela qual as eras heroicas têm vivido. É aqui que a afinidade nórdica é mais forte: golpes de martelo, mas com compaixão.

"Mas por quê?" (alguns perguntam), "Por que, se você tiver um comentário sério a fazer sobre a vida real dos homens, você deve fazê-lo falando sobre sua própria Terra do Nunca fantasmagórica?" Porque, eu compreendo assim, uma das principais coisas que o autor quer dizer é que a vida real dos homens é daquela qualidade mítica e heroica. Pode-se ver o princípio atuando em sua caracterização. Muito do que em um trabalho realista seria feito pela "delineação do personagem" é aqui feito simplesmente tornando o personagem um elfo, um anão ou um hobbit. Os seres imaginados têm seu interior do lado de fora; eles são almas visíveis. E o Homem como um todo, o Homem oposto ao universo, nós o vemos até que vejamos que ele é como um herói em um conto de fadas? No livro, Éomer contrasta timidamente "a terra verde" com "lendas". Aragorn responde que a terra verde em si é "potente matéria de lendas"[15].

O valor do mito é que ele leva todas as coisas que conhecemos e restaura nelas o rico significado que foi escondido pelo "véu da familiaridade". A criança desfruta de um embutido (de outra forma sem graça para ela) fingindo que é um búfalo que acabou de matar com seu próprio arco e flecha. E a criança é sábia. A carne de verdade chega a ela mais saborosa por ter sido mergulhada em uma história; você pode dizer que só então essa é a carne real. Se você está cansado da paisagem real, olhe para ela através do espelho. Ao colocar pão, ouro, cavalo, maçã ou as próprias estradas em um mito, não os retiramos da realidade: nós os redescobrimos. Enquanto a história persistir em nossa mente, as coisas reais são mais elas mesmas. Esse livro aplica o tratamento não só ao pão ou à maçã, mas ao bem e ao mal, a nossos perigos infinitos, à nossa angústia e às nossas alegrias. Ao mergulhá-los no mito, nós os vemos com mais clareza. Eu não acho que o autor poderia ter feito isso de outra maneira.

O livro é muito original e muito opulento para qualquer julgamento final com a primeira leitura. Mas sabemos de imediato que ele tem causado coisas em nós. Não somos os mesmos homens. E, não obstante, devemos nos dosar em nossas releituras. Tenho poucas dúvidas de que o livro em breve ocupará seu lugar entre os indispensáveis.

> *Caro Tollers,*
>
> *Tenho tentado, como um menino com um pedaço de caramelo, ingerir o Volume I devagar, fazendo-o durar; mas o apetite me sobrepujou e já terminei a leitura — por sinal, curta demais para mim. Não consigo quebrar o feitiço. O amor de Gimli e a partida de Lothlórien ainda me são quase insuportáveis. O que ficou ainda mais forte nessa leitura do que em qualquer outra foi a vinda gradual da sombra, passo a passo, sobre Boromir.*
>
> — Carta a J.R.R. Tolkien, 7 de dezembro de 1953.

Sobre histórias
(do capítulo 11, "*O Senhor dos Anéis,* de Tolkien")

[1]*A Sociedade do Anel* (1954), o primeiro volume da trilogia *O Senhor dos Anéis*. Os outros volumes, *As Duas Torres* e *O Retorno do Rei*, foram publicados em 1955. Posteriormente, Tolkien revisou toda a obra para uma segunda edição de capa dura (1966).

[2]*Canções da inocência e da experiência* é o trabalho mais conhecido de William Blake (1757—1827), poeta, tipógrafo e pintor inglês. [N. T.]

[3]"One Ring to Bind Them" [Um anel para uni-los], *New Statesman and Nation* (18 de setembro de 1954).

[4]"J.R.R. Tolkien, "Sobre estórias de fada", em *Árvore e Folha*.

[5]"Prólogo", *A Sociedade do Anel*.

[6]Idem.

[7]Referência a *Tales of Glass Town, Angria, and Gondal* [Contos da Cidade de Vidro, de Angria e de Gondal], dos Brontës (Charlotte, Emily, Anne e Branwell). Nessa obra colaborativa, eles criaram e povoaram os mais extraordinários mundos fantásticos, cuja geografia e história desenvolveram em inúmeros poemas, histórias e peças. [N. T.]

[8]*A Sociedade do Anel*, Livro I, cap. 2.

[9]*As Duas Torres*, Livro III, cap. 2.

[10]*Sobre histórias de fadas*.

[11]*As Duas Torres*, Livro III, cap. 2.

[12]*As Duas Torres*, Livro III, cap. 4.

[13]Idem.

[14]Ibidem.

[15]*As Duas Torres*, Livro III, cap. 2.

SOBRE OS PERIGOS DE CONFUNDIR SAGA COM HISTÓRIA

Os quatro amores

(do capítulo 1, "O gostar e o amar em relação aos sub-humanos")

A verdadeira história de cada país está repleta de coisas deploráveis e até mesmo vergonhosas. Se as histórias heroicas forem tomadas como típicas, darão uma falsa impressão de si mesmas e estarão, com frequência, sujeitas à crítica histórica. Assim, o patriotismo que se baseia em nosso passado glorioso será campo fértil para os detratores. À medida que o conhecimento cresce, é possível que "a ficha caia" e que seja adotada uma postura de cínico desencantamento, ou que se prefira "fechar os olhos" para a verdade. No entanto, quem condenará aquilo que claramente faz com que as pessoas, em muitos momentos importantes, se comportem bem melhor do que se comportariam sem essa ajuda da história?

Entendo que é possível obter força a partir da imagem do passado sem, contudo, se deixar enganar ou se tornar arrogante. A imagem se torna perigosa na mesma proporção em que é confundida com ou substituída pelo estudo histórico sistemático. As histórias têm seu ponto alto quando são passadas adiante e recebidas como histórias. Não digo com isso que devam ser passadas adiante como mera ficção (algumas delas são mesmo verdadeiras), mas o destaque deve estar no relato em si, na figura que desperta a imaginação, no exemplo que fortalece a vontade. O estudante que as ouve — embora, é claro, não possa colocar isso em palavras — deveria de modo tênue sentir como se estivesse escutando uma *saga*. Que fique ele empolgado — preferencialmente "fora da escola" — com os "feitos que conquistaram o Império", mas quanto menos nós misturarmos isso com suas "lições de história" ou confundirmos com uma análise séria — ou, pior ainda, com uma justificativa — da política imperial, melhor será. Quando criança, eu tinha um livro cheio de figuras coloridas chamado *Our Island Story* [História de nossa ilha].

o que realmente me parece tóxico é a grave doutrinação de jovens acerca da história que sabemos ser falsa ou parcial — a lenda heroica precariamente disfarçada de fato tirada de um livro-texto. Caso permaneça, é isso que gera um tipo de patriotismo pernicioso, embora aparentemente não seja algo que perdure por muito tempo na mente de um adulto bem-educado.

O título sempre me pareceu apropriado. O livro também não se parecia em nada com um livro-texto. O que realmente me parece tóxico é a grave doutrinação de jovens acerca da história que sabemos ser falsa ou parcial — a lenda heroica precariamente disfarçada de fato tirada de um livro-texto. Caso permaneça, é isso que gera um tipo de patriotismo pernicioso, embora aparentemente não seja algo que perdure por muito tempo na mente de um adulto bem-educado. Também surge a pressuposição subentendida de que outras nações não possuem igualmente heróis; talvez até mesmo a crença de que possamos literalmente "herdar" uma tradição. E, claro, isso seria biologicamente muito ruim. Esse tipo de coisas leva quase inevitavelmente a um terceiro ingrediente, às vezes, denominado patriotismo.

O terceiro ingrediente não se trata de um sentimento, mas de uma crença; uma firme convicção, ainda que prosaica, de que a nossa nação há muito tempo é, e continua sendo, marcantemente superior às demais. Certa vez, aventurei-me em dizer a um velho ministro da igreja que proclamava esse tipo de patriotismo: "Mas, meu senhor, não nos dizem que *cada* povo considera os seus próprios homens os mais corajosos e as suas mulheres as mais belas do mundo?" Ele replicou com um tom bem grave — aliás, o tom não poderia ser mais grave mesmo se ele estivesse declamando o *Credo* no altar —, "Sim, mas na Inglaterra isso é verdade". Com certeza, essa convicção não tornou meu amigo (que Deus o tenha!) um vilão; apenas um querido e velho burro. No entanto, isso pode produzir burros que dão coices e mordem. Na orla lunática, pode produzir um racismo popular que tanto o cristianismo quanto a ciência proíbem.

SOBRE DUAS FORMAS DE VIAJAR E DUAS FORMAS DE LER

Studies in Medieval and Renaissance Literature

[Estudos de literatura medieval e renascentista]

(do capítulo *"De Audiendis Poetis"*)

Há duas formas de usufruir do passado, do mesmo modo como há duas maneiras de usufruir de um país estrangeiro. Um homem leva sua "inglesidade" consigo para o estrangeiro e a traz de volta, inalterada. Por onde quer que vá, associa-se com outros turistas ingleses; por "hotel bom", quer dizer um estabelecimento que se assemelha a um hotel inglês. O turista desinteressado reclama do chá ruim de um lugar onde poderia ter tomado um café excelente. [...]

Entretanto, existe uma outra forma de viajar, assim como existe uma outra forma de ler. Você pode apreciar a comida local e o vinho local; pode partilhar da vida estrangeira; pode começar a ver o país estrangeiro conforme ele é, não para o turista, mas para o habitante local. Pode, enfim, voltar para casa transformado, pensando e sentindo de forma como nunca pensara e sentira antes.

O mesmo acontece com a literatura. Podemos ir além da primeira impressão causada por um poema à nossa sensibilidade moderna. Estudando elementos extrínsecos ao poema, comparando-o com outros poemas e posicionando-nos no período de sua composição, penetramo-lo com um olhar mais próximo daquele dos nativos — talvez vendo, agora, que as associações que antes dávamos às palavras antigas eram falas; que as verdadeiras implicações são diferentes das que inicialmente supúnhamos; que aquilo que achávamos estranho era comum na época, e o que nos parecia comum era, para os padrões da época, estranho. […]

> [parece-me] um desperdício do passado se nos contentarmos apenas em ver, na literatura das épocas que se foram, apenas o reflexo da nossa própria face.

Escrevo a fim de encorajar, se possível, o segundo tipo de leitura. Em parte, claro, por ter uma motivação histórica. Sou tanto ser humano quanto amante da poesia; e, sendo humano, sou inquiridor: quero tanto saber das coisas quanto usufruir delas. Mas ainda que a satisfação fosse o meu único objetivo, mesmo assim escolheria essa abordagem, esperando que ela me levasse a níveis ainda mais novos de satisfação, a coisas que eu jamais experimentaria em meu tempo — formas de sentimento, sabores, jornadas ao passado real.

Apesar de já ter convivido comigo e com o meu século por sessenta anos, não sou tão apegado com um e com o outro a ponto de não desejar o vislumbre de um mundo que jaz além de ambos. Da mesma forma como as férias de um turista desinteressado me parecem um desperdício da Europa — pois ele deixa de aproveitar muito mais do que poderia ser explorado — assim também me parece um desperdício do passado se nos contentarmos apenas em ver, na literatura das épocas que se foram, apenas o reflexo da nossa própria face.

parte dois

REFLEXÕES BREVES SOBRE A PRÁTICA DA LEITURA

COMBINAÇÃO
DE PALAVRAS

Não é engraçado o modo como, semelhante à música, algumas combinações de palavras são capazes de provocar emoções quase que independentemente do seu significado? É justamente por saber que você pode sentir essa magia das palavras EM SI que insisto em ensiná-lo a apreciar poesia: ou antes, a apreciar a boa poesia, conforme você já tem apreciado algumas.

Carta a Arthur Greeves, 21 de março de 1916

SINCERIDADE
E TALENTO

Não podemos dizer que Bunyan escrevia bem por ser um homem sincero e franco, sem influências literárias e que simplesmente dizia o que estava em sua mente. Sem dúvida, Bunyan se autodescreveria nesses termos. Todavia, sua autoavaliação estaria incorreta. Se essa fosse a verdadeira explicação, todo homem sincero, franco e não influenciado por qualquer literatura também poderia escrever bem. Mas eu e a maioria das pessoas da minha idade, quando éramos subalternos na primeira guerra, aprendemos, censurando as cartas das tropas, que elas fluem de clichês e trivialidades das mãos de pessoas sem talento para a escrita, por mais sinceras e francas em suas conversas.

A verdade alarmante é que, embora a falta de sinceridade possa ser fatal para a boa escrita, sinceridade em si nunca ensinou ninguém a escrever bem. Sinceridade é uma virtude moral, não um talento literário. Esperamos que ela seja recompensada em um mundo melhor: em Parnaso, não.

Selected Literary Essays

[Ensaios literários selecionados]

(do capítulo "The Vision of John Bunyan"
[A visão de John Bunyan])

PROSA E ESTILO

Você iniciou o assunto sobre estilo narrativo em sua carta e questionou se ele não significa nada além do "sentido literal das palavras". Pelo contrário: significa menos — isto é, significa as palavras em si. Pois cada pensamento pode ser expresso de diversas maneiras diferentes; assim, estilo é a arte de expressar determinado pensamento com as palavras e cadências rítmicas mais belas.

Alguém, por exemplo, pode dizer: "Onde você estava [...] quando as constelações que aparecem no início da manhã se juntavam em exercício musical, e os espíritos angelicais demonstravam sua satisfação em voz alta?" Expressando exatamente o mesmo pensamento, podemos ler, em uma versão bíblica: "Onde estavas tu [...] quando as estrelas da alva, juntas, alegremente cantavam, e rejubilavam todos os filhos de Deus?" [cf. Jó 38:4,7, ARA]. Assim, pelo poder do estilo, o absurdo se transforma em algo inefavelmente belo.

Carta a Arthur Greeves, 4 de agosto de 1917

NÃO *NELES*, MAS *POR* *MEIO DELES*

Os livros ou a música nos quais pensamos que a beleza estava localizada nos trairão, se confiarmos neles; não é que isso estava *neles*, apenas que veio *por meio deles*, e aquilo que veio por intermédio deles era apenas um anseio.

O peso da glória

(do capítulo 1, "O peso da glória")

PRAZER

Muito (não tudo) de nossa literatura foi feito para ser lido de modo leve, para entretenimento. Em certo sentido, se não a lermos "por diversão" e com os pés voltados para a lareira, não a estamos usando como deveria ser usada, e toda nossa crítica a ela será pura ilusão, pois você não pode julgar nenhum artefato a não ser que o use como foi planejado.

Reflexões cristãs

(do capítulo 2, "Cristianismo e cultura")

ORIGINALIDADE

Nenhuma pessoa que valoriza a originalidade jamais será original. No entanto, tente falar a verdade como você a vê, tente fazer cada parte de seu trabalho tão bem quanto possível, pelo trabalho em si, e aquilo que as pessoas denominam originalidade surgirá sem que seja buscado.

O peso da glória

(do capítulo 7, "Membresia")

O MITO DA "ATUALIZAÇÃO"

Quanto mais "atualizado" o livro for, mais cedo ele será datado.

Cartas a Malcolm
(de "Carta II")

EM DIA COM AS TENDÊNCIAS LITERÁRIAS

Por que, afinal, manter-se em dia com o cenário literário contemporâneo? Por que deveríamos ler autores dos quais não gostamos por calharem de estarem vivos ao mesmo tempo que nós? Nesse caso, poderíamos então ler todo e qualquer autor que partilhasse conosco o mesmo trabalho, a mesma cor de cabelo, a mesma renda ou as mesmas dimensões torácicas, até onde vejo.

Carta a Ruth Pitter, 6 de janeiro de 1951

GOSTOS VARIADOS

Possuir um grande número de amigos não significa que eu provo ter uma ampla apreciação pela excelência humana. Você também poderia dizer que eu provo a abrangência de meu gosto literário ao ser capaz de desfrutar de todos os livros de minha biblioteca. A resposta é a mesma para ambos os casos: "Você escolheu esses livros. Você escolheu esses amigos. E, é claro, eles se encaixam com você". O verdadeiro gosto abrangente pela leitura é aquele que o capacita a achar alguma coisa que atenda suas necessidades na bandeja de livros em liquidação do lado de fora do sebo. O verdadeiro gosto abrangente em se tratando de pessoas também encontrará algo apreciável naqueles com quem se deve interagir a cada dia.

Os quatro amores

(do capítulo 2, "Afeição")

VERDADEIRA
SATISFAÇÃO

Depois de certo tipo de festa com xerez, na qual houve cataratas de *cultura*, mas nunca uma palavra ou um olhar que sugerisse um verdadeiro desfrute de qualquer arte, de qualquer pessoa ou de qualquer objeto natural, meu coração se aquece com o estudante no ônibus que está lendo *Fantasy and Science Fiction*[1] [Fantasia e ficção científica], arrebatado e alheio a todo o mundo a seu redor. Pois aqui também eu deveria sentir que encontrei algo real, vivo e não fabricado; uma experiência literária verdadeira, espontânea e irresistível, desinteressada. Eu deveria ter esperanças com aquele menino. Aqueles que muito se importaram com qualquer livro possivelmente virão se importar, algum dia, com bons livros. Os órgãos de apreciação existem neles. Eles não são impotentes. E, mesmo que esse garoto em particular nunca goste de nada mais do que ficção científica; mesmo assim,

A criança cujo amor está aqui, pelo menos, colhe
Um ganho precioso, que esquece de si mesmo.[2]

A última noite do mundo
(do capítulo 3, "Lírios que apodrecem")

ARROGANTES
LITERÁRIOS

Alguns críticos escrevem sobre aqueles que constituem os "muitos" no campo da literatura como se pertencessem aos muitos em todos os aspectos e, de fato, à ralé. Eles os acusam de analfabetismo, barbarismo, de reações "brutas", "grosseiras" e "vulgares" que (é sugerido) faz deles desajeitados e insensíveis em todas as relações da vida e os tornam um perigo permanente à civilização. Algumas vezes soa como se a leitura de ficção "popular" tivesse a ver com torpeza moral. Não creio que isso seja corroborado pela experiência. Tenho uma noção de que esses "muitos" incluem certas pessoas iguais ou superiores a alguns dos poucos em termos de saúde psicológica, virtude moral, prudência prática, boas maneiras e capacidade de adaptação em geral. E todos sabemos muito bem que nós, os literatos, temos uma porcentagem não pequena de ignorantes, grosseiros, imaturos, pervertidos e truculentos. Não devemos tomar parte do *apartheid* apressado e generalizado daqueles que ignoram isso.

Experimento em crítica literária

$\big($ do capítulo 2, "Falsas caracterizações" $\big)$

RELENDO LIVROS PREFERIDOS A CADA DEZ ANOS

Evidentemente, todos deveriam reler um bom livro ao menos uma vez a cada dez anos.

Carta a Arthur Greeves, 17 de agosto de 1933

LEITURA E EXPERIÊNCIA

Você me perguntou se alguma vez já estive apaixonado por alguém: embora seja tolo, ainda não cheguei a esse nível de tolice. Se, porém, só pudéssemos falar qualquer assunto a partir da experiência em primeira mão, o diálogo seria uma interação muito pobre.

Embora eu não tenha experiência pessoal daquilo que chamam de "amor", tenho algo ainda melhor: a experiência de Safo, de Eurípides, de Cátulo, de Shakespeare, de Spencer, de Austen, de Brontë, de... qualquer outro que já tenha lido. Enxergamos através dos olhares deles. E da mesma forma que o maior inclui o menor, a paixão de uma grande mente inclui todas as qualidades da paixão de uma mente pequena. Por conseguinte, temos todo o direito de falar sobre o assunto.

Carta a Arthur Greeves, 12 de outubro de 1915

LIVRE PARA PULAR

É bobagem achar que, ao ler um livro, você nunca pudesse "pular" algumas páginas. Todas as pessoas sensatas têm a liberdade de fazer isso quando chegam a um capítulo que acham que não terá utilidade para elas.

Cristianismo puro e simples
(do capítulo "Tempo e para além do tempo")

LIVRE PARA LER

O Estado existe simplesmente para promover e proteger a felicidade comum de seres humanos nesta vida. Um marido e uma mulher, batendo papo ao pé da lareira; um grupo de amigos jogando dardos em um *pub*; um homem lendo um livro no seu próprio quarto ou cultivando seu próprio jardim — é para isso que o Estado serve. E, se ele não estiver contribuindo para aumentar, prolongar e proteger tais momentos, todas as leis, os parlamentos, os exércitos, as cortes, as polícias, as economias etc. não passarão de perda de tempo.

Cristianismo puro e simples
(do capítulo "Cristianismo: fácil ou difícil?")

HUCKLEBERRY FINN

Tenho me divertido com Tom Sawyer e Huckleberry Finn. Às vezes, fico a me perguntar por que aquele homem [Mark Twain] não escreveu mais nada no mesmo nível. [...] A cena em que Huck decide ser "bom" traindo Jim e então descobre que não pode, concluindo que é um réprobo, é realmente incomparável em humor, *páthos* e ternura. A cena toca a origem dos problemas morais em sua profundidade.

Carta a Warfield M. Firor (BOD), 6 de dezembro de 1950

AS GLÓRIAS DA INFÂNCIA EM CONTRASTE COM AS DA ADOLESCÊNCIA

Quanto à releitura de livros, penso, como você, que obras lidas no início da adolescência não têm atrativo, o que normalmente não acontece com histórias lidas durante a infância. Em termos de desenvolvimento, talvez seja diferente com o sexo feminino, mas, para mim, olhando para trás, parece-me que as glórias da infância e as glórias da adolescência estão separadas por um deserto uivante, no qual, durante a nossa travessia, não passamos de animais gananciosos, cruéis e maldosos, cuja imaginação, exceto em sua forma mais baixa, estava dormindo.

Carta a Rhona Bodle, 26 de dezembro de 1953

JANE AUSTEN

Fico feliz que você ache Jane Austen uma moralista no bom sentido da palavra. Concordo. E não uma moralista trivial, mas sutil e firme.

Carta a Dom Bede Griffiths, 5 de maio de 1952

Não creio que nada separe o leitor certo do livro certo. Mas nossos amores literários são tão diversos quanto os nossos amores humanos! Você não conseguiria fazer-me gostar de Henry James e não gostar de Jane Austen, por mais que tentasse.

Carta a Rhona Bodle, 14 de setembro de 1953

Tenho lido *Orgulho e preconceito* durante toda a vida, porém não me enjoo do livro nem um pouco.

Carta a Sarah Neylan, 16 de janeiro de 1954

ARTE E LITERATURA

Concordo totalmente com o que você diz acerca da Arte e da Literatura. A meu ver, ambas só podem ser saudáveis quando (a) seu propósito não é outro além da recreação inocente ou (b) quando definitivamente servem à verdade religiosa, ou ao menos à verdade moral. Dante até que se enquadra, e Pickwick [de Charles Dickens] também. Mas a grande arte irreligiosa e séria — a arte pela arte — não passa de bobagem; e aliás, ela não existe quando a arte está realmente florescendo. As palavras que eu li recentemente de um autor que falava sobre o amor (isto é, o amor sexual) resumem bem a ideia: "Ele deixa de ser um diabo quando deixa de ser um deus". Afirmação bem colocada, não é?

Carta a Dom Bede Griffiths, 16 de abril de 1940

APRECIAÇÃO ARTÍSTICA

Muitos romances, poemas e pinturas modernos, que somos intimidados a "apreciar", não são uma boa obra, porque nem sequer são uma *obra*. São meras poças de sensibilidade ou reflexo derramados. Quando um artista está, no sentido estrito, produzindo uma obra, ele naturalmente leva em conta o gosto, os interesses e a capacidade existentes de seu público. Estes, não menos que a língua, o mármore ou a tinta, fazem parte de sua matéria-prima a serem usados, domados, refinados, não ignorados nem desafiados. Uma grande indiferença a eles não é genialidade nem integridade; é preguiça e incompetência.

A última noite do mundo

(do capítulo 5, "Boa Obra e boas obras")

VEJA. OUÇA. RECEBA

A primeira exigência que qualquer obra de qualquer tipo de arte impõe a nós é a rendição. Olhar. Ouvir. Receber. Tirar a nós mesmos do caminho (não ajuda em nada perguntar primeiro se a obra diante de você merece tal rendição, pois até que você se renda não tem como saber).

Experimento em crítica literária

(do capítulo 3, "Como os poucos e os muitos fazem uso de imagem e música")

COMENTANDO A LEITURA

Penso que, após a leitura de um livro, não há nada melhor do que analisá-lo com alguém — mesmo que a análise produza discussões ferrenhas de vez em quando.

Carta a Arthur Greeves, 14 de março de 1916

A BÊNÇÃO DA CORRESPONDÊNCIA

É um privilégio imemorial de quem escreve cartas registrar em papel coisas que de outra forma eles não diriam; escrever de maneira mais grandiosa do que falariam; e ampliar sentimentos que passariam despercebidos em uma conversa.

Carta a Arthur Greeves, 10 de novembro de 1914

EM HOMENAGEM A DANTE

Penso que, em geral, a poesia de Dante é a melhor poesia que já li. Todavia, em seu tom mais elevado de excelência, sinto como se Dante não contribuísse com muito. Há um sentimento curioso de que o grande poema está se autocompondo, ou pelo menos que a pequena figura do poeta não faz nada além de, com um toque gentil, direcionar, aqui e ali, energias que em sua maioria crescem espontaneamente, desempenhando a evolução delicada que compõe a Comédia. [...] Chego à conclusão de que o alcance mais elevado de toda a arte poética não passa de um tipo de abdicação e é alcançado quando toda a imagem do mundo enxergado pelo poeta entrou de forma tão profunda em sua mente que, daí por diante, tudo o que ele precisa fazer é sair do caminho e deixar águas fluírem, montes tremerem, árvores chacoalharem, luzes brilharem e esferas envolverem — e tudo isso *será* poesia, não coisas a respeito das quais sua poesia tratará.

Studies in Medieval and Renaissance Literature

[Estudos de literatura medieval e renascentista]

(do capítulo "Dante's Similes" [Os símiles de Dante])

ALEXANDRE DUMAS

Tentei, sob a recomendação insistente de "W" [Warren, irmão de Lewis], ler *Os três mosqueteiros*; mas não apenas cansei-me da leitura, como também a achei repugnante. Todos aqueles valentões arrogantes, vivendo do dinheiro de amantes — ah! [...] Encontramo-nos em um mundo abstrato de galanteria e aventura que não tem raízes — nenhuma conexão com a natureza humana ou com a mãe Terra. Quando a cena muda de Paris para Londres, não há percepção alguma de que chegamos a um novo país, não há mudança de atmosfera. Creio não existir sequer uma passagem no livro que comprove que Dumas alguma vez viu uma nuvem, uma estrada ou uma árvore.

Carta a Arthur Greeves, 25 de março de 1933

O PRAZER
DOS CONTOS
DE FADAS

Curiosamente, foi por volta dessa época [aos doze anos], não na infância, que me lembro particularmente de me deleitar com os contos de fadas. Caí profundamente sob o feitiço dos Anões — dos velhos anões de capuz brilhante e barba esbranquiçada que tínhamos nos dias antes de Arthur Rackham sublimá-los, ou Walt Disney vulgarizá--los, os pequeninos homens da terra. Visualizava-os tão intensamente que chegava à beira da alucinação; certa vez, andando pelo jardim, pensei ter visto, por um instante, um homenzinho passando por mim entre os arbustos. Fiquei levemente alarmado, mas não como em meus medos noturnos. Um medo que guardava o caminho em direção ao mundo fantástico era algo que eu podia enfrentar. Ninguém é covarde em tudo.

Surprised by Joy

[Surpreendido pela alegria]

(do capítulo 3, "Mountbracken and Campbell"
[Mountbracken e Campbell])

A LÍNGUA
COMO UM
COMENTÁRIO

A *mera* descrição é impossível. A linguagem nos força
a um comentário implícito.

Present Concerns

[Preocupações atuais]

(do capítulo "Prudery and Philology"
[Purismo e filologia])

COMUNICANDO A ESSÊNCIA DA NOSSA VIDA

A própria essência de nossa vida como seres conscientes, o dia todo e todos os dias, consiste em algo que não pode ser comunicado senão por indícios, símiles, metáforas e pelo uso daquelas emoções (em si mesmas não muito importantes) que são indicadores disso.

Reflexões cristãs
(do capítulo 11, "A linguagem da religião")

MAPEANDO
LIVROS

Para apreciar completamente um livro, acho que tenho de tratá-lo como uma espécie de *hobby* e lê-lo com determinação e entusiasmo. Começo fazendo um mapa em uma das últimas folhas; depois, desenho uma ou duas árvores genealógicas. Em seguida, coloco um título no topo de cada página e, por último, indexo, no final, todas as passagens que por alguma razão sublinhei.

Considerando como as pessoas se divertem organizando fotos ou fazendo álbuns de recorte, sempre me questiono o porquê de tão poucas mapearem sua leitura dessa maneira, como um *hobby*. Acabei gostando de muitos livros chatos que tinha de ler ao lê-los dessa forma — segurando nas mãos uma caneta de ponta fina e fazendo anotações, como se estivesse *montando* algo. É como se a leitura adquirisse o charme de um brinquedo, mas sem perder o fascínio de um livro.

Carta a Arthur Greeves, fevereiro de 1934

PLATÃO E ARISTÓTELES

Perder o que devo a Platão e Aristóteles seria como a amputação de um membro.

Rehabilitations and Other Essays
[Reabilitações e outros ensaios]

(do capítulo "The Idea of an 'English School'"
[Sobre o conceito de uma "escola inglesa"])

IMAGINAÇÃO

Parece-me apropriado, quase inevitável, que, no princípio, após a grande Imaginação — para o seu próprio deleite e para o deleite de homens, anjos e, a seu próprio modo, animais — ter inventado e formado o mundo todo da Natureza e se sujeitado a expressar-se por meio da linguagem humana, que tal expressão ocorresse, de vez em quando, pela poesia. Afinal, a poesia também é uma pequena encarnação, dando corpo ao que antes era invisível e inaudível.

Reflections on the Psalms
[Reflexões no livro de Salmos]

$\left(\text{do capítulo 1, "Introductory" [Introdutório]}\right)$

SE TÃO
SOMENTE...

Se tão somente tivéssemos tempo para ler um pouco mais! Pela restrição que o tempo nos impõe, ficamos largos e rasos ou estreitos e profundos.

Carta a Arthur Greeves, 2 de março de 1919

SHAKESPEARE

Enquanto Milton marcha firmemente em determinada direção, Shakespeare se comporta mais como uma andorinha. Ele arremessa o assunto e desvia o olhar; em seguida, retorna mais uma vez para o mesmo assunto, antes que seus olhos possam segui-lo. É como se tentasse, vez após vez, e continuasse insatisfeito. Shakespeare arremessa imagem após imagem contra você e pensa que não fez o suficiente. Traz à tona toda uma artilharia leve da mitologia, mas cansa-se de cada peça, quase antes de dispará-la. Ele deseja ver o objeto a partir de diversos ângulos diferentes, como um homem que tenta mastigar um biscoito duro, primeiro de um lado e depois do outro. Você pode encontrar o mesmo tipo de contraste em quase qualquer escrito desses dois poetas.

Selected Literary Essays

[Ensaios literários seletos]

(do capítulo "Variation in Shakespeare and Others"
[Variações em Shakespeare e em outros autores])

SOBRE *HAMLET*

"Certamente, um fracasso artístico". Todo argumento parece levar a essa conclusão — até você ler *Hamlet* mais uma vez. Ao fazê-lo, acaba pensando que, se a peça é um fracasso, então o fracasso é melhor do que o sucesso. Queremos mais dessas peças "ruins". Da nossa primeira leitura infantil das cenas de fantasmas até os minutos dourados que roubamos ao corrigir provas relacionadas a *Hamlet* a fim de ler algumas páginas da própria peça, chegamos a descobrir o dia e a hora em que seu encanto falhou? [...] *Hamlet* tem um sabor próprio, um prazer onipresente que reconhecemos até em seus menores fragmentos, aos quais, uma vez provados, recorremos. Ao desejarmos esse sabor, nenhum outro livro o substitui.

Selected Literary Essays

[Ensaios literários seletos]

(do capítulo "Hamlet: The Prince or The Poem?"
[Hamlet: o príncipe ou o poema?])

TOLSTOY

Desde a última vez que escrevi, a coisa mais interessante que me aconteceu foi a leitura de *Guerra e Paz*. [...]

Mudou completamente minha perspectiva sobre romances.

Até então, sempre os via como uma forma um tanto *perigosa* — perigosa, quero dizer, para a saúde da literatura como um todo. Pensava que a forte "cobiça narrativa", a ansiedade passional para "ver o que aconteceria no final" que romances despertam, inevitavelmente afetava o gosto para outras formas — melhores, porém menos irresistíveis — de prazer literário: e que o crescimento da leitura do romance explicava, em grande medida, a divisão deplorável de leitores em ignorantes e cultos, sendo os ignorantes simplesmente compostos por aqueles que aprenderam a esperar de livros essa "cobiça narrativa" do momento em que começavam a ler e que, por isso, já destruíam antecipadamente seu possível gosto por coisas melhores. [...]

Tolstoy, com *Guerra e paz*, mudou tudo isso.

Carta a Arthur Greeves, 29 de março de 1931

CONSELHOS
SOBRE A ESCRITA

O caminho para se desenvolver um estilo é: (a) saber exatamente o que se deseja dizer; e (b) ter certeza de que se está dizendo exatamente isso. O leitor, é preciso lembrar, não sabe de antemão o que nós pretendemos comunicar. Se nossas palavras forem ambíguas, o conteúdo lhe escapará. Às vezes, penso que escrever é como conduzir ovelhas por uma estrada. Se houver alguma porteira aberta à esquerda ou à direita, os leitores certamente seguirão por ali.

Deus no banco dos réus

(do capítulo 16, "Interrogatório")

A BOA LEITURA

Um bom sapato é um sapato que você não percebe que está usando. A boa leitura se torna possível quando você não precisa pensar conscientemente nos olhos, na luz, na impressão ou na ortografia.

Cartas a Malcolm
(da "Carta I")

APÊNDICE

exercícios para o registro de reflexões de sua vida de leitura

- Liste os dez livros que mais influenciaram quem você é hoje e escreva algumas frases, por cada livro, de como eles o moldaram.

- Lewis geralmente descreve o dom da leitura como uma oportunidade de "ver através do olhar de outros". Que livros você leu que o ajudaram a ter uma perspectiva diferente? Como essas experiências causaram mudanças em sua vida?

- Que livros você deveria ler que abririam outros mundos com os quais você não está familiarizado — levando em conta que as diferenças poderiam ser culturais, raciais, religiosas, históricas ou em alguma outra área da vida?

- Lewis dá muito valor à releitura de livros antigos, mesmo livros lidos na infância. Que livros você releu e por que os escolheu reler? Que livros você leu mais de duas vezes? Como eles o afetaram?

- Escreva suas memórias de livros que, na infância, o transportaram e criaram em você um amor pela leitura. Você releu esses títulos recentemente? Como essas primeiras experiências o influenciaram?

- Liste os "livros velhos" que você se comprometerá a ler como uma interrupção temporária da leitura de livros contemporâneos.

- O que você acha do gênero de livros chamado "conto de fadas" ou livros de fantasia e mágica, dos quais Lewis tem muito a dizer? Quais títulos o influenciaram mais, e o que você acha que eles lhe ensinaram sobre o mundo "real"?

- Lewis escreve de modo comovente sobre sua descoberta de seu autor favorito: George MacDonald. Quem você diria que é o seu autor favorito, e que papel ele ou ela exerceu em sua vida?

- Lewis enfatiza a importância de lermos por prazer. Quaislivros você lê exclusivamente com esse propósito (mesmo que outros não os considerem como leitura de qualidade)? Por que você considera esse tipo de leitura importante?

sobre o autor

CLIVE STAPLES LEWIS (1898-1963) foi um dos gigantes intelectuais do século XX e provavelmente o escritor mais influente de seu tempo. Era professor e tutor de literatura inglesa na Universidade de Oxford até 1954, quando foi unanimemente eleito para a cadeira de Inglês Medieval e Renascentista na Universidade de Cambridge, posição que manteve até a aposentadoria. Lewis escreveu mais de 30 livros que lhe permitiram alcançar um vasto público, e suas obras continuam a atrair milhares de novos leitores a cada ano.

Outros livros de C. S. Lewis
pela THOMAS NELSON BRASIL

COLEÇÃO ESPECIAL

A abolição do homem
A última noite do mundo
Cartas a Malcolm
Cartas de um diabo a seu aprendiz
Cristianismo puro e simples
Deus no banco dos réus
O assunto do Céu
O peso da glória
Os quatro amores
Reflexões cristãs
Sobre histórias
Todo meu caminho diante de mim
Um experimento em crítica literária

COLEÇÃO FUNDAMENTOS

Como cultivar uma vida de leitura
Como orar
Como ser cristão

TRILOGIA CÓSMICA

Além do planeta silencioso
Perelandra
Aquela fortaleza medonha